LES
TROIS ILOTS
DE LA CITÉ

COMPRIS ENTRE LES RUES DE LA LICORNE, AUX FÈVES, DE LA
LANTERNE, DU HAUT-MOULIN ET DE GLATIGNY.

Fragment d'une histoire topographique et archéologique
du vieux Paris.

PAR ADOLPHE BERTY.

PARIS
AUX BUREAUX DE LA REVUE ARCHÉOLOGIQUE
DIDIER et Cⁱᵉ, éditeurs
QUAI DES AUGUSTINS, 35
—
1860

EXPLICATION

DES RENVOIS EN CHIFFRES DU PLAN DES TROIS ILOTS DE LA CITÉ

1. Maison de la Heuse et de l'Ymaige Saint-Pierre.
2. Maison de la Chausse de Flandres, de l'Ange et de l'Image Saint-Michel.
3. Maison de l'Ymage Sainte-Katherine.
4. Maison de la Bannière de France.
5. Maison de l'Imaige Saint-Jullien.
6. Maison des Quatre filz Hémon.
7. Maison des Trois chandeliers, du Cheval à Jouer et des Sagittaires.
8. RUELLE DU FOUR BASSET.
9. Maison des Balances, de l'Image Saint-Nicholas et de la Roue de fer.
10. Maison du Gant d'or.
11-11 et 24. Maison du Chastel.
24. FOUR BASSET.
12. Maison du Pot d'estaing.
13. Maison des Coquilz blancs.
14. Maison de la Fleur de lys.
15. Maison de la Roze.
16. Maison des Chapelets et de la Pomme de pin.
17. Maison sans désignation.
18. Deux maisons sans désignation.
19 et 20. Maisons sans désignation.
21. Maison de la Croix d'or.
22. Maison du Billact.
23. Maison de l'Ecu de France et de l'Image Saint-Antoine.
25. Maison de la Cage et de l'Ymage Saint-Jehan-Baptiste.
26. Maison du Panier.
27. Maison du Chat.
28. Maison du Paradis, du Heaume, des images Saint-Marcel et Sainte-Geneviefve.
29. Maison de l'Ymaige Saint-Kristofle.
30. Maison de l'Image Saint-Nicholas.
31. Maison du Cœur royal.
32. Maison du Porc espic.
33. Maison des Quatre vents.
34. Maison de la Couronne d'or.
35. Maison de l'Image Sainte-Barbe.
34 et 35. FOUR SAINT-DENIS DE LA CHARTRE.
36. Maison de l'Image Saint-Yves et de la Fleur de lys.
37. Maison de l'Escu de Bretaigne.
36 et 37. Maison du Chaperon.
38. Maison de l'Adventur.
39. Maison de l'Escu de Polongne.
38 et 39. Maison du grand Godet.
40. Maison du Paon blanc.
41. Maison de la Lanterne.
42. Etables.
42 et 43. Maison du Chapeau rouge.
44. Maison de la Corne de cerf.
45-45. Maison de la Croix blanche.
44 et 45. Maison de la Longue allée.
46-46. Maison du Lion d'or.

47. Maison de l'Eschiquier.
48. Maison sans désignation.
49. Maison de Jhérusalem.
50. Maison de la Nef d'argent.
51. Maison du Plat d'estaing.
52. Maison sans désignation.
53. Maison du roi David et de la Herpe.
54. Maison du Cheval blanc.
55-55. Maison de la Licorne.
56. RUELLE DE LA LICORNE.
57. Maison de l'Image Notre-Dame.
58. Maison de l'Image Saint-Martin.
59. Maison sans désignation.
60. Maison de la Corne de cerf.
61. Maison de la Clef et de la Croix blanche.
62. Maison de l'Image Saint-Jacques et de l'Image Saint-Pierre.
63. Maison de la Housse-Gilet et de l'Ymage Saint-Kristofle.
64. Maison de l'Image Notre-Dame.
64 bis. RUELLE PORTEBUCHE.
65. Maison de l'Ymaige Sainte-Marguerite.
66. FOUR SAINT-MARTIN. Maison du Dauphin.
67. Maison de l'Ecu de France.
68. Maison de la Tête noire.
69. Maison de l'Annonciation Notre-Dame.
70. Maison de la Seraine.
71. Maison de la Ratyère.
72. Maison des Ecus d'Orléans, de Bretagne et de Bourgogne.
73. Maison de l'Image Notre-Dame.
74. Maison de la Rose et des Trois compas.
75. Maison de la Boule d'argent.
76. Maison du Sabot.

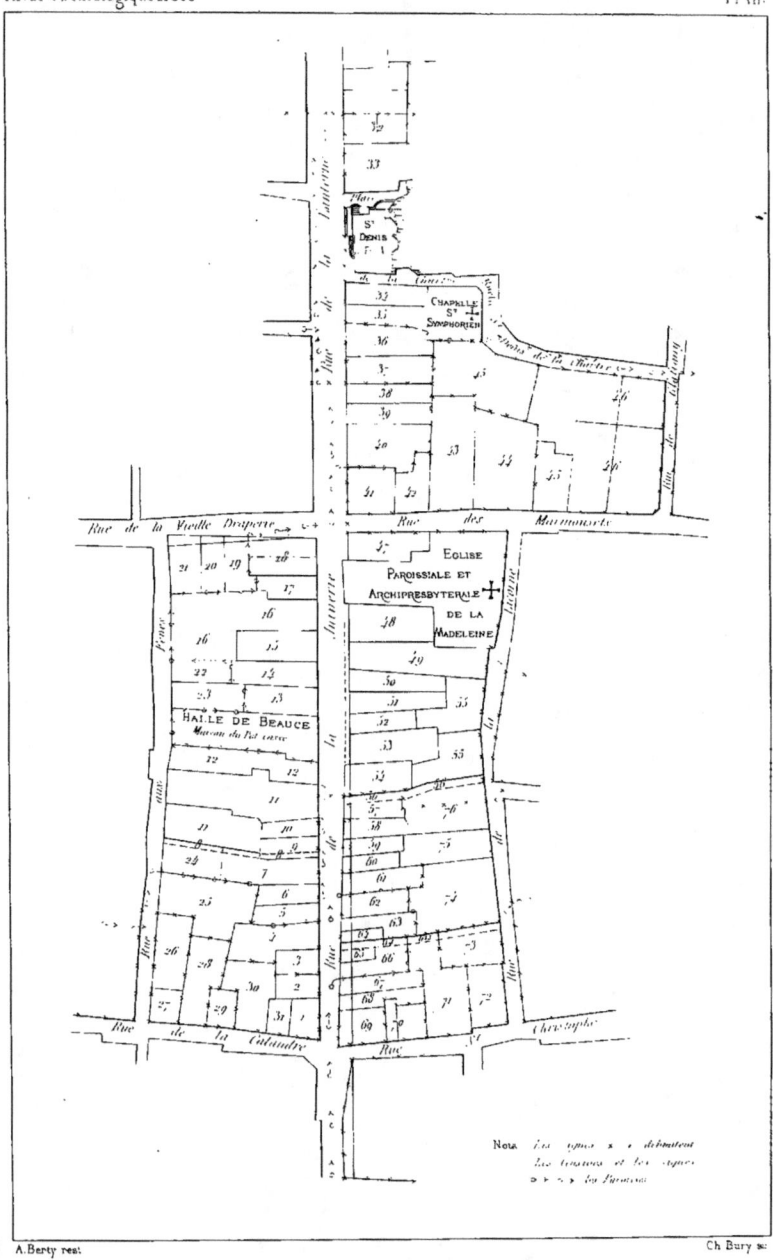

TROIS ILOTS DE LA CITÉ

restitués d'après les anciens documents manuscrits des Archives de l'Empire

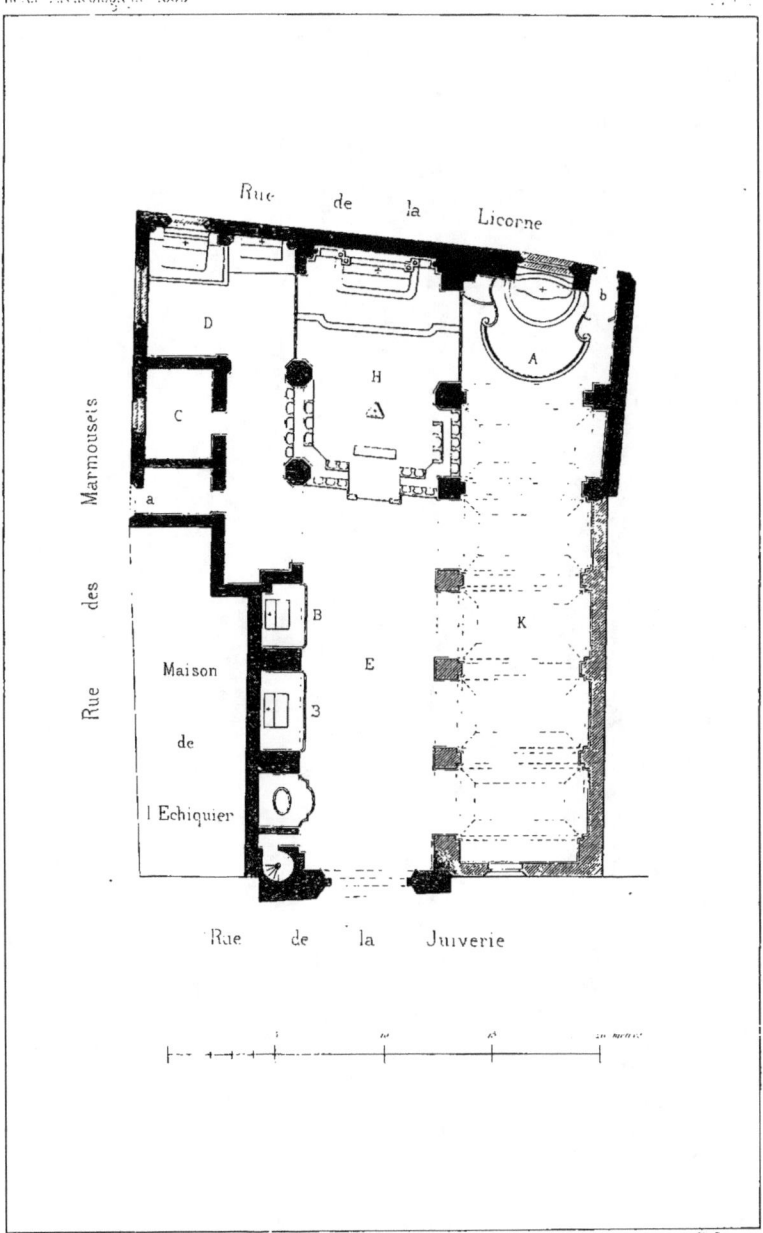

Plan de l'Ancienne
EGLISE DE LA MADELEINE
en la Cité

LES
TROIS ILOTS
DE LA CITÉ

COMPRIS ENTRE LES RUES DE LA LICORNE, AUX FÈVES, DE LA LANTERNE, DU
HAUT-MOULIN ET DE GLATIGNY.

Extrait de la *Revue archéologique*
1ʳᵉ ANNÉE. — NOUVELLE SÉRIE.

PARIS. — IMPRIMERIE PILLET FILS AÎNÉ, RUE DES GRANDS-AUGUSTINS, 5.

LES

TROIS ILOTS

DE LA CITÉ

COMPRIS ENTRE LES RUES DE LA LICORNE, AUX FÈVES, DE LA
LANTERNE, DU HAUT-MOULIN ET DE GLATIGNY.

Fragment d'une histoire topographique et archéologique
du vieux Paris.

PAR ADOLPHE BERTY.

PARIS

AUX BUREAUX DE LA *REVUE ARCHÉOLOGIQUE*
DIDIER et Ce, éditeurs
QUAI DES AUGUSTINS, 35

1860

EXPLICATION

DES RENVOIS EN CHIFFRES DU PLAN DES TROIS ILOTS DE LA CITÉ

1. Maison de la Heuse et de l'Ymaige Saint Pierre.
2. Maison de la Chausse de Flandres, de l'Ange et de l'Image Saint-Michel.
3. Maison de l'Ymage Sainte-Katherine.
4. Maison de la Bannière de France.
5. Maison de l'Imaige Saint-Jullien.
6. Maison des Quatre filz Hémon.
7. Maison des Trois chandeliers, du Cheval à louer et des Sagittaires.
8. RUELLE DU FOUR BASSET.
9. Maison des Balances, de l'Image Saint-Nicholas et de la Roue de fer.
10. Maison du Gant d'or.
11-11 et 24. Maison du Chastel.
24. FOUR BASSET.
12. Maison du Pot d'estaing.
13. Maison des Coquilz blancs.
14. Maison de la Fleur de lys.
15. Maison de la Roze.
16. Maison des Chapelets et de la Pomme de pin.
17. Maison sans désignation.
18. Deux maisons sans désignation.
19 et 20. Maisons sans désignation.
21. Maison de la Croix d'or.
22. Maison du Billart.
23. Maison de l'Ecu de France et de l'Image Saint-Antoine.
25. Maison de la Cage et de l'Ymage Saint-Jehan-Baptiste.
26. Maison du Panier.
27. Maison du Chat.
28. Maison du Paradis, du Heaume, des Images Saint-Marcel et Sainte-Geneviefve.
29. Maison de l'Ymaige Saint Kristofle.
30. Maison de l'Image Saint-Nicholas.
31. Maison du Cœur royal.

32. Maison du Porc espic.
33. Maison des Quatre vents.
34. Maison de la Couronne d'or.
35. Maison de l'Image Sainte-Barbe.
34 et 35. FOUR SAINT-DENIS DE LA CHARTRE.
36. Maison de l'Image Saint-Yves et de la Fleur de lys.
37. Maison de l'Escu de Bretaigne.
36 et 37. Maison du Chaperon.

38. Maison de l'Adventure.
39. Maison de l'Escu de Pologne.
38 et 39. Maison du grand Godet.
40. Maison du Paon blanc.
41. Maison de la Lanterne.
42. Etables.
42 et 43. Maison du Chapeau rouge.
44. Maison de la Corne de cerf.
45-45. Maison de la Croix blanche.
44 et 45. Maison de la Longue allée.
46-46. Maison du Lion d'or.

47. Maison de l'Eschiquier.
48. Maison sans désignation.
49. Maison de Jhérusalem.
50. Maison de la Nef d'argent.
51. Maison du Plat d'estaing.
52. Maison sans désignation.
53. Maison du roi David et de la Herpe.
54. Maison du Cheval blanc.
55-55. Maison de la Licorne.
56. RUELLE DE LA LICORNE.
57. Maison de l'Image Notre-Dame.
58. Maison de l'Image Saint-Martin.
59. Maison sans désignation.
60. Maison de la Corne de cerf.
61. Maison de la Clef et de la Croix blanche.
62. Maison de l'Image Saint-Jacques et de l'Image Saint-Pierre.
63. Maison de la Housse-Gilet et de l'Ymage Saint-Kristofle.
64. Maison de l'Image Notre-Dame.
64 bis. RUELLE PORTEBUCHE.
65. Maison de l'Ymaige Sainte-Marguerite.
66. FOUR SAINT-MARTIN. Maison du Dauphin.
67. Maison de l'Ecu de France.
68. Maison de la Tête noire.
69. Maison de l'Annonciation Notre-Dame.
70. Maison de la Seraine.
71. Maison de la Ratyère.
72. Maison des Ecus d'Orléans, de Bretagne et de Bourgogne.
73. Maison de l'Image Notre-Dame.
74. Maison de la Rose et des Trois compas.
75. Maison de la Boule d'argent.
76. Maison du Sabot.

LES
TROIS ILOTS
DE LA CITÉ

COMPRIS ENTRE LES RUES DE LA LICORNE, AUX FÈVES, DE LA
LANTERNE, DU HAUT-MOULIN ET DE GLATIGNY.

L'histoire complète d'une grande ville comme Paris se compose de deux parties très-distinctes : la partie topographique ou monumentale, c'est-à-dire l'histoire des rues, des édifices, des enceintes, etc., et la partie politique, c'est-à-dire l'histoire des faits dont la ville a été le théâtre. Essayer de les confondre dans un unique et même récit est un tort d'autant plus grand que l'on s'efforce davantage de ne rien omettre. Pour rendre la chose palpable, citons un exemple, et, dans ce but, ouvrons au hasard le grand ouvrage de Félibien (1). Nous tombons sur le passage où l'auteur raconte comment, en 1355, les États généraux réunis en la chambre du parlement votèrent les sommes nécessaires à l'entretien d'une armée, et comment l'armée ainsi obtenue fut vaincue à la bataille de Poitiers, dont la perte détermina dans Paris une suite d'événements de la plus haute gravité. Que souhaite le lecteur après un pareil exposé, si ce n'est d'apprendre quels furent les résultats immédiats de la défaite de Poitiers? Mais son vœu ne saurait être satisfait sur-le-champ : l'ordre chronologique s'y oppose. En 1356, effectivement, on fonde le collège de Boissy; en 1357 apparaît le

(1) *Histoire de Paris.* 5 vol. in-f°. Paris, 1725.

plus ancien statut sur les petites écoles, et le Parloir aux bourgeois est transféré à la Grève. Il faut parler de tout cela. Voilà, en conséquence, l'esprit du lecteur entièrement détourné de la voie où il était engagé, et dans laquelle sa curiosité provoquée le poussait à s'avancer. Il voulait savoir comment les Parisiens accueillirent la nouvelle du désastre et comment ils se préparèrent à lutter contre la mauvaise fortune, on lui nomme les collateurs des bourses d'un collège, on lui explique les règlements auxquels ont été soumis les maîtres d'école jusqu'en 1719, et bientôt, le faisant remonter à la période gallo-romaine, on le renseigne sur les *Nautes*, sur l'origine du corps municipal ; et cela, après lui avoir décrit la construction de l'hôtel de ville au temps de François Ier et de Henri IV, voire même les embellissements de cet édifice sous Louis XIV : en somme, vingt pages in-folio de digressions avant de reprendre le fil du récit qui captivait le lecteur, mais dont il ne se souvient plus depuis que son attention a été attirée sur tant de sujets dissemblables. Du reste, le système d'histoire mixte adopté par Félibien n'est pas moins fécond en ennuis pour l'auteur que pour le lecteur ; car s'il trouble celui-ci par des diversions continuelles et fatigue sa mémoire, il épuise le premier à la recherche de formules de transition aussi stériles que difficiles à trouver. L'histoire mixte crée, en outre, des embarras dont il est impossible de sortir d'une façon satisfaisante. Ainsi, à quel règne convient-il de placer la monographie de l'église Saint-Séverin, monument hybride appartenant à six époques différentes ? Nul ne peut le dire, car on n'a là que le choix des inconvénients, et, en évitant l'un, on rencontre infailliblement l'autre. Séparez au contraire l'histoire politique de Paris de son histoire topographique, et tous les défauts que nous venons de signaler disparaîtront. Dans une histoire topographique, la situation des édifices amènera naturellement leur monographie, aux détails de laquelle rien n'empêchera plus de donner le développement que comporteront les connaissances acquises : origine et destination des établissements, description de leurs bâtiments, particularités archéologiques qui les distinguent, traditions qui s'y rattachent, tout se classera à merveille dans un ordre logique et propre à fixer les souvenirs. Ajoutez enfin à l'étude analytique de chacun des quartiers de la ville un examen, en forme de synthèse, de ses accroissements successifs, ainsi que ces renseignements généraux qui embrassent son ensemble, et alors seulement vous serez apte à aborder l'histoire des évènements politiques, parce que vous aurez réuni les données indispensables à quiconque ne se contente point d'en acquérir une idée vague, mais veut se rendre un compte exact de leurs divers épisodes. Il est surabondamment manifeste que personne ne comprendra bien la journée des Barricades de 1588, et encore moins les mouvements populaires de la seconde moitié du quatorzième siècle, s'il n'est familier avec la topographie du vieux Paris.

De même que l'étude de la constitution des corps doit précéder l'étude de leurs propriétés, l'histoire monumentale de Paris doit en précéder l'histoire politique, et il faut se garder de les mêler toutes deux, sous peine de tomber dans une confusion intolérable. Ceci admis, quelle est celle qu'il importe surtout d'approfondir aujourd'hui ? En d'autres termes, quelle est celle qui laisse actuellement le plus à désirer sous le double rapport de la quantité et de l'exactitude des renseignements? La réponse à cette question est bien facile pour tout homme qui a quelque peu creusé la matière : l'histoire politique du vieux Paris est faite, tandis que son histoire topographique ne l'est pas. L'histoire politique du vieux Paris est faite, en ce sens que le fond en est tout entier dans Félibien. Certes, on peut écrire à un autre point de vue que le religieux, contemporain de Louis XIV; on peut montrer plus de critique qu'on n'en observe dans son ouvrage tant pillé; on peut s'étendre davantage sur les détails, moins négliger l'étude des mœurs et rédiger des narrations plus attrayantes; mais ajoutera-t-on un nombre important de faits inconnus à ceux qu'il rapporte? A-t-il donc été découvert beaucoup de chroniques inédites et intéressant Paris, à placer à côté de celles dont le savant bénédictin a fait usage? Nous le répétons, le fond de l'histoire politique du vieux Paris existe dans l'œuvre de Félibien, et la preuve, c'est que, depuis cent trente ans, on ne fait que la paraphraser. Nous prédisons que, déguisant le plagiat sous des artifices de style, on la paraphrasera encore : la tâche est assurément plus commode que de défricher le sol vierge.

L'histoire topographique du vieux Paris s'offre en des conditions absolument différentes. D'abord, il n'est qu'une manière de l'envisager, les passions ne peuvent tendre à la travestir, et tout ce que l'on parvient à démontrer, dans son domaine, demeure acquis à l'avenir comme au présent. Ensuite, telle qu'elle existe dans les auteurs accrédités, et telle que, d'après eux, on la refait continuellement, par un procédé en quelque sorte mécanique, elle fourmille d'erreurs : nous sommes prêt à en donner la plus ample démonstration. D'un autre côté, quelles fâcheuses et innombrables lacunes ne présente-t-elle pas ! La raison prescrit donc de s'en occuper et de l'approfondir avant toute autre. Il est d'ailleurs possible de renouveler ce qu'on en croit savoir, d'en rectifier les absurdités, et de pourvoir à la plupart de ses *desiderata*, par le dépouillement des archives de l'Empire, cette mine immense de matériaux que, pour cause, ceux qui prétendent sans cesse nous révéler le Paris du moyen âge s'abstiennent fort unanimement d'explorer. Aussi bien jamais occasion ne surgira plus opportune de mettre au jour, sur ce sujet, des travaux neufs, basés sur des éléments empruntés aux seules sources authentiques. C'est surtout quand un ancien monument disparaît qu'il devient urgent d'en conserver le souvenir ; c'est évidemment lorsqu'une ville subit une transformation radicale qu'il y a lieu de faire voir ce qu'elle fut jadis. L'idée de la grandeur et même de la beauté ne naît que d'une comparaison : si vous voulez qu'on comprenne l'énormité des proportions du boulevard de Sébastopol, rappelez la largeur de la grande rue de la Cité, sous Louis XII ; si vous voulez qu'on apprécie la somptuosité du Louvre actuel, restituez, dans sa simplicité, le château de Charles V ; si vous voulez qu'on se pénètre de la gigantesque étendue de l'enceinte de 1860, montrez un plan fidèle de celles du treizième et du quatorzième siècle.

Nous parlions tout à l'heure des lacunes de l'histoire du vieux Paris ; la plus frappante de toutes est l'absence presque complète de renseignements sur les maisons particulières. Les auteurs ont bien donné quelques détails plus ou moins controuvés, touchant une certaine quantité d'hôtels seigneuriaux, ne formant pas en réalité le quart de ceux qui sont à mentionner ; mais quant aux maisons de bourgeois et artisans, c'est beaucoup s'ils en indiquent trois ou quatre sur cent, et encore n'en marquent-ils point la situation précise, restée ignorée d'eux et, par suite, de tout le monde. Inutile d'ajouter qu'on ne trouve dans aucun ouvrage les délimitations des paroisses, des justices et des censives auxquelles les maisons appartenaient.

Nous avons toujours pensé qu'une histoire monumentale du vieux Paris, pour être digne de ce nom et se distinguer des déplorables compilations, tissus de lieux communs, de bévues et de bavardages, qu'on ose donner comme des œuvres sérieuses et nouvelles, devait non-seulement renfermer tous les renseignements que nous venons d'énoncer, mais littéralement tous ceux que peut fournir l'étude, poussée à ses dernières limites, des documents originaux. L'ère de l'indulgence pour les fastidieux ressassages est, au surplus, décidément close, et le public commence à être édifié sur la valeur de cette érudition dérisoire dont Dulaure et ses copistes font un si facile étalage. Il est temps que, s'aidant des ressources de l'archéologie moderne, on épuise le sujet, et que Paris, cette capitale du monde, arrivé à un degré de puissance et de splendeur sans précédent, connaisse enfin sa véritable histoire.

Le fragment qui suit, détaché du livre auquel nous travaillons depuis onze ans déjà, est un spécimen de la manière dont il nous paraît qu'une histoire topographique du vieux Paris doit être conçue. De plus habiles que nous feraient mieux sans doute ; nous ne craignons pas d'affirmer qu'ils ne feraient pas sensiblement plus, parce que les documents leur manqueraient.

RUE DE LA JUIVERIE.

Elle aboutissait d'une extrémité à la rue du Marché-Palu, et, de l'autre, à la rue de la Lanterne ; confondue avec ces deux dernières, qui en formaient la continuation, elle se nomme aujourd'hui *rue de la Cité*.

Avant leur expulsion, en 1182, les juifs étaient apparemment en grand nombre dans la Cité, puisque c'est à eux que devait son nom la voie la plus importante de l'île, celle de la Juiverie, laquelle en a toujours constitué la principale artère depuis les temps gallo-romains. Dans l'origine elle reliait en effet, d'une manière directe, le petit pont au grand pont primitif, situé sur l'emplacement du pont Notre-Dame (1), et devait être très-passante. Elle ne le fut pas moins quand le second grand pont, ou pont de Charles le Chauve, eut remplacé le premier ; car, par le moyen de la rue de la Vieille-Draperie, elle le reliait de même avec la rive gauche. Enfin, si la création du pont Saint-Michel a pu, pendant quelques années, diminuer la foule qui s'y pressait d'habitude, la construction du pont Notre-Dame l'y a fait de nouveau affluer, et à ce point même que, dès que ce pont eut été rebâti en pierre, on reconnut la nécessité d'élargir la rue et de redresser son alignement, avec le temps devenu irrégulier, et biaisant dans la direction du sud-ouest. L'élargissement avait été projeté de dix-huit pieds, mais il fut porté à vingt, et exécuté en vertu d'un

(1) Les lecteurs de la *Revue archéologique* peuvent se rappeler que nous leur avons déjà signalé (t. XII, p. 203) ce fait si important, découvert par M. Th. Vacquer, et que le public ne soupçonne pas : témoin les innombrables articles imprimés récemment, à l'occasion de la démolition du pont au Change.

arrêt du parlement rendu le 24 juillet 1507 (1). L'alignement de 1507 n'a commencé à être modifié, dans la rue de la Juiverie, que sous le règne de Louis-Philippe, et il en subsiste encore plusieurs jalons du côté oriental, où le portail de la Madeleine, qui n'avait point subi de reculement, a formé, jusqu'à la Révolution, un point de repère de l'alignement antérieur.

La plus ancienne mention de la rue de la Juiverie que nous ayons rencontrée se trouve dans une bulle de 1119, où elle est appelée *Vicus qui dicitur Judeorum... infra urbem* (2). Nous lisons encore *Vicus Judeorum* dans une charte de 1167, puis, dans des titres postérieurs : *Judearia* (1216), — *Judaïsmum* (1218). — *Vicus Judearie* (1232), — *Vicus Judearie de Magdalena* (1242), — « La Juyerie » (1253), — « La Jurie » (1380), — « Rue de la Juyrie » (1420), — « Rue de la Jufrie » (1487), — « de la Juifrie ou Juifverie » (1575), — et en dernier lieu « de la Juiverie. » Aucun autre nom n'a été en usage, si ce n'est au treizième siècle, où la rue a parfois reçu celui de la Vieille-Juiverie et de la Vieille-Juiverie-des-Drapiers, *Vicus qui vulgaliter appellatur vetus Judearia panificorum*, comme il appert d'un accord du mois de janvier 1255, dont l'original fait partie des archives de Saint-Martin des Champs, et qui se rapporte à une maison voisine du carrefour du marché Palu.

On verra plus bas qu'il y avait une halle au blé et plusieurs fours en la rue de la Juiverie ; il s'y tenait aussi une sorte de marché au pain, car elle est énoncée *Judearia ubi venduntur panes* dans un document de 1262, et « la Juerie où l'on vent le pain » en divers autres du siècle suivant. Sur les trente-trois contribuables de cette rue, qui payèrent la taille de 1299, nous ne comptons pas moins de vingt-quatre boulangers ou « talemeliers, » comme on disait. En 1296, sur trente-six imposés, il y avait eu vingt et un talemeliers et un « blaatier » ou marchand de blé. L'agglomération de ces industriels se dispersa dans le seizième siècle.

(1) Le procès-verbal de visite des maisons de la rue est transcrit dans un des registres de la Ville (*Arch. de l'Emp.*, reg. H. 1778, f° 169, v°), mais d'une façon très-incomplète, puisqu'il y est seulement question des maisons du côté oriental, depuis le Petit pont jusqu'à mi-chemin du pont Notre-Dame. Le procès-verbal indiquant la largeur des maisons et la quantité de terrain qu'il fallut en retrancher, il est possible de retracer avec précision l'ancien alignement, et c'est ce que nous avons fait. On retrouve cet ancien alignement en posant un point à onze pieds du coin des rues Saint-Christophe et de la Juiverie, puis un autre à deux pieds trois pouces du mur mitoyen, vers le midi, de la maison du Plat d'étain (voir le plan), et en unissant les deux repères par une ligne droite.

(2) Cart. de Saint-Martin des Champs, f° 2, v°.

COTÉ OCCIDENTAL.

PAROISSE DE SAINT-GERMAIN LE VIEUX.

JUSTICE DU ROI.

Censive du chapitre Saint-Symphorien.

(Voir le plan de restitution.)

MAISON sans désignation en 1317 (1), puis de la « HEUSE, » de « l'YMAIGE SAINT-PIERRE » (1455-1539), et aussi de « l'OMME SAUVAIGE » (1499), faisant le coin septentrional de la rue de la Calandre. La fabrique de Saint-Germain le Vieux percevait sur cette maison une rente de trente sous, qui fut rachetée, en 1455, au prix de dix-huit livres parisis.

MAISON sans désignation en 1329, puis de la « CHAUSSE DE FLANDRES » (1450), de l'ANGE (1547-1587), et de l'IMAGE SAINT-MICHEL (1600-1636).

JUSTICE

et censive du prieuré Saint-Éloi.

MAISON DE « L'YMAGE SAINTE-KATHERINE » (1503-1600). Jean Lescuyer ayant pris cette maison à bail emphytéotique du maître de l'hôpital du Saint-Esprit, et pour quatre-vingt dix-neuf ans commençant le jour de Pâques 1475, fit don à l'église Saint-Germain le Vieux, par son testament reçu le 13 juin 1503, de la jouissance du bail pour le reste de sa durée, à partir de sa mort ou de celle de sa femme, si elle lui survivait.

MAISON DE LA BANNIÈRE DE FRANCE (1530-1636).

---

(1) En nous exprimant ainsi nous voulons dire que le premier document où nous avons rencontré une mention de la maison, date de 1317, et que dans ce document la maison n'est distinguée par aucun nom particulier. Cela ne signifie nullement qu'elle n'ait point eu d'enseigne auparavant, mais seulement que les titres font défaut à ce sujet. Il est d'ailleurs certain que toutes les maisons de la rue de la Juiverie étaient d'origine extrêmement ancienne.

PAROISSE SAINT-MARTIAL.

Maison de « l'Imaige Saint-Jullien » (1575-1600).

Maison des « Quatre filz Hémon » (1403-1637).

Maison sans désignation en 1267, des Trois chandeliers (1358-1390), puis du « Cheval a louer » (1423), et des Sagittaires (1509-1630), faisant le coin méridional de la ruelle du Four Basset. Cette maison et les quatre précédentes doivent être les mêmes que celles dont il est dit, dans le cartulaire de Saint-Éloy, et à la date de 1280 : *In quarum prima depingitur quidem aries lapideus, et que se extendunt usque ad furnum nostrum.*

La grande confrérie aux Bourgeois possédait, hypothéquée sur la maison des Sagittaires, une rente de vingt sous parisis, qui lui avait été donnée, le 2 juin 1267, par Mathilde, veuve d'Étienne Boursier, auquel, le mois de mars précédent, la maison avait été vendue par Nicolas le Roux.

Ruelle du Four Basset. Cette ruelle, aujourd'hui entièrement disparue, existait encore naguère, et n'a cessé d'être publique que dans le milieu du dernier siècle. Nous l'avons vue appelée *ruella Furni Basseti* ou *de Furno Basseti* dès 1253, et « ruelle du Four Basset » en 1267. Elle est souvent indiquée sans nom particulier, par exemple : *stricta ruella, parva ruella, minima ruella quæ intrat ad vicum ad Fabas*, petite ruelle, ruelle commune. Le rôle de la taille de 1313 l'énonce « ruelle de la Juyerie en la rue aux Fèves, » et Guillot, « la Petite orberie; » mais cette dernière désignation semble avoir plutôt convenu à la ruelle qui a été remplacée par la rue du Marché Neuf.

Dans un relevé des fiefs de l'abbaye Saint-Germain des Prés, datant des premières années du treizième siècle, il est question du four qui donna son nom à la ruelle, *furnus in Judearia, qui vocatur Baset*. Cependant le four Basset appartenait au prieuré Saint-Éloy, dans les archives duquel il est appelé *furnus noster* et *furnus qui dicitur sancti Eligii*. En 1280, il était possédé par deux veuves, celle de Roger de la Marche, qui payait à chaque terme soixante sous de cens pour sa part, et celle de Robert *alias* Lambert Basset, qui en payait quarante pour la sienne (1). Il est encore question, en

---

(1) Cart. de Saint-Éloy, f° 74, v°. — Lambert, dit Basset, avait possédé, au port Saint-Landry, un moulin dont il sera parlé en son lieu.

1358, du four Saint-Éloy, qui semble avoir été situé du côté de la rue aux Fèves, au derrière des maisons précédentes.

Maison sans désignation en 1280, puis des Balances (1343), de « l'Ymaige Saint-Nicholas » (1519-1637), et aussi de « la Roue de fer » (1575-1600), faisant le coin septentrional de la ruelle du Four Basset. Elle appartint à l'église Saint-Martial.

Maison sans désignation en 1575, et du Gant d'or vers 1600; partie de la précédente, qui était chargée d'un croît de cens envers l'abbaye de Sainte-Geneviève et, pour cela, figure mentionnée en sa censive. Cette maison et celle de la Roue de Fer n'étaient d'abord que des dépendances de la maison suivante, avec laquelle elles sont fréquemment confondues dans les titres.

Maison du « Chastel » (1369-1613), ou Chateau d'or (1613), aboutissant rue aux Fèves, à la place de laquelle se trouvaient deux maisons en 1280. C'était un cabaret célèbre : Rabelais parle des « tabernes méritoires du Castel de la Magdalène et de la Pomme de Pin. »

Maison sans désignation en 1280, puis du « Pot d'estaing » (1381-1636), aboutissant rue aux Fèves.

PAROISSE DE LA MADELEINE.

Halle au blé de Beauce ou Maison du Pot cassé. Cette halle semble avoir été une sorte de grenier d'abondance pour la Cité, et l'origine en est sans doute fort ancienne. Elle appartenait à Philippe Auguste qui, au mois de février 1217 (n. s.), la donna à son échanson Renaud Larcher, à charge de douze deniers de cens, en s'en réservant toutefois la justice, et en conservant la propriété du marché au blé qu'on y tenait (1). Des mains de Renaud Larcher elle passa, suivant Lamarre, à celles de ses héritiers, qui la vendirent à un chanoine de Paris, Philippe Convers, l'an 1316, et celui-ci en aurait payé l'amortissement cinq cents livres tournois à Philippe le Long (2); mais la charte d'amortissement, datée du mois de décembre 1316, n'indique qu'une somme de cent cinq livres tournois, et nous avons vu que, au mois d'avril 1312, Philippe le Bel assigna à Convers le revenu de la halle, montant à vingt-huit livres parisis, en défalcation d'une rente de cent livres que celui-ci avait droit de prendre sur le trésor

---

(1) Cart. de Philippe Aug., C 172, f° 125, v°.
(2) T. II, p. 727.

royal. En sollicitant de Philippe le Long, dont il était le clerc, l'amortissement de la halle, P. Convers agit apparemment par suite d'une convention avec le chapitre Notre-Dame, car un de ses collègues, Eudes de Corbeil, mort le 18 juillet 1316, ayant stipulé, dans son testament, que ses biens de Corbeil seraient consacrés à l'acquisition de rentes amorties, transférables à l'office des anniversaires, ces biens furent cédés à Convers en échange de quarante-cinq livres parisis hypothéquées sur des maisons de Paris, parmi lesquelles se trouvait la halle de la Juiverie, dont le revenu fut estimé vingt-six livres (1). La transaction se conclut le lundi après l'octave de l'Épiphanie 1317 (n. s.), et fut ratifiée par lettres de l'Official datées du samedi après l'octave de la Purification, c'est-à-dire le mois suivant (2). La halle devint ainsi la propriété du Chapitre, qui ne s'en est jamais défait, mais était dans l'habitude de la donner à bail à des particuliers. La première location dont nous trouvons une indication dans les registres capitulaires est de 1347. Vers 1398, elle fut fermée et la réouverture n'en eut lieu, au dire de Lamarre, qu'en 1416; le blé y reparut alors avec abondance. En 1418, celui qui la loua était le maître de la maison de la Harpe, située vis-à-vis. En 1423, ce fut Jean Chauvin, auquel on imposa l'obligation de la faire nettoyer à ses frais, lors de l'expiration de son bail. Cette même année, au mois de septembre, il fut prescrit à l'officier des anniversaires de la visiter, de veiller à ce que ceux qui y apportaient leurs blés et leurs farines en trouvassent l'entrée libre suivant la coutume, et à ce que Chauvin la fît ouvrir à six heures du matin, et fermer après six heures, le soir. Le 11 août 1464, il fut crié à son de trompe que les marchands entrant du blé et de la farine par les portes Saint-Jacques, Saint-Michel, Bordelle, Saint-Germain et Saint-Victor, seraient tenus de conduire leurs denrées à la halle de la Juiverie, sous peine d'amende arbitraire. En 1482, il y eut une requête du chapitre Notre-Dame et des « manans de la Juerie, » adressée au prévôt de Paris, et réclamant qu'il leur fût permis d'y déposer leurs grains et ceux que les marchands apportaient de la Beauce et du Hurepoix, attendu qu'on s'en était toujours servi pour un pareil usage. Le prévôt, à la date du 13 août, renvoya l'examen de la question à l'archidiacre et à Mons. de Marcelles, promettant de faire exécuter ce que ces derniers ordonneraient. La requête avait été motivée par la conduite du locataire de la halle, qui ne s'acquittait

---

(1) Cart. de N. D., t. IV, p. 116.
(2) Bib. imp., manuscrit n° 5185, f° 108, r°, et Arch. de l'Emp., cart. S 18.

pas de ses engagements, à propos desquels nous lisons, dans une demande de bail, du 10 septembre 1481, la halle « est accostumée d'estre close et ouverte par chacun jour, tant pour le bien de la chose publique, comme pour la conservation » des droits du Chapitre, « pour ce que, de tout temps, on y a accoustumé de y descendre blé, farines, avoines et autres marchandises, et ceulx qui, par cy-devant l'ont tenneu, estoient à ce faire, chargez et obligez pour les dangiers et inconvéniens, pour ce que la rue est fort estroicte pour la multitude de charrectes et chevaulx, *et y a seaulx de cuir et eschelles penduz pour la conservation de la Cité, pour la fortune du feu.* »

« La halle de la Juiverie est énoncée *Hala Regis, quedam magna domus ubi ponuntur quadrige defferentes bladum,* » en 1280; puis simplement *Hala ad bladum* (1316), « la halle ou place où l'on vent le grain » (1381), et plus tard, « la halle de Beauce, » ou « au bled de Beauce, » désignation sous laquelle la maison était encore connue du temps d'Henri IV, quoique depuis près d'un siècle elle ne servît plus de marché, ni de magasin. En 1531, Geoffroy Tory, l'imprimeur de François Ier, y était installé avec ses ateliers, et y avait transporté l'enseigne du *Pot cassé,* qui distinguait auparavant sa maison du Petit pont (1). Le 14 octobre 1533, sa veuve, Perrette le Hullin, qui demeurait dans un des corps d'hôtel de la maison, la prit à bail avec Martin Féret, boulanger et bourgeois de Paris, pour neuf ans, et au prix de cent vingt-deux livres dix sous tournois. Comme on connaît des livres imprimés en 1535, dans la maison du Pot cassé, il faut croire que la veuve de Tory continua quelque temps le commerce de son mari, et c'est ce qui perpétua l'enseigne du Pot cassé, dont il est encore question en 1567. La halle fut baillée le 2 mars 1551 à Pierre Leclerc, plombier, pour cent soixante livres par an ; le 14 avril 1567, elle le fut pour deux cent dix livres, à François Lequeux, aussi plombier, qui, en 1605, la payait quatre cents livres. Le loyer s'en augmentait rapidement, car il n'avait été que de vingt-deux livres en 1498, et la ferme de « Hallage » ne valait que seize livres tournois en 1420. En 1628, la maison fut séparée en deux parties par l'isolement du corps d'hôtel de la rue aux Fèves. Celui de la rue de la Juiverie a eu pour enseigne le Chef Saint-Jean, de 1638 à 1740.

Maison sans désignation en 1380, puis des « Cognils blancs »

---

(1) Consulter, à propos de cette enseigne, la notice intéressante de M. Aug. Bernard : *Geoffroy Tory, peintre et graveur,* etc., in-8°, 1857.

(1468-1604), ou des Lapins (1630). On sait que les deux expressions sont synonymes.

Maison sans désignation en 1280, puis de la Fleur de lys (1423-1630).

Maison sans désignation en 1280, puis de la « Roze » (1354), ou Rose blanche (1600-1640).

Maison sans désignation en 1280, puis des « Chappeletz » (1423), et de la Pomme de pin (1527-1750), aboutissant rue aux Fèves, et faisant hache au derrière de la précédente. Nous venons de voir que Rabelais la cite comme une taverne renommée.

Maison sans désignation en 1280, et du Mulet vers 1630.

Maison sans désignation (1280), qui était réunie à la suivante au dix-huitième siècle.

Maison sans désignation en 1280, et dont l'enseigne nous est restée inconnue, faisant le coin méridional de la rue de la Vieille Draperie.

COTÉ ORIENTAL.

PAROISSE DE LA MADELEINE.

JUSTICE

et censive du prieuré Saint-Éloy.

Maison de l'Échiquier (1363-1609), faisant le coin méridional de la rue des Marmousets. Cette maison fut rétrécie d'environ deux mètres, au commencement du seizième siècle, par suite de l'abandon que firent les « dames de Sainct Cir, » auxquelles elle appartenait, d'une portion de son terrain, où l'on construisit des chapelles ajoutées à l'église de la Madeleine. La maison de l'Échiquier payait aussi un cens au roi, et fut achetée par la fabrique de la Madeleine en 1628 et 1629. Elle avait pour enseigne *le Moulin,* en 1655.

Juvénal des Ursins rapporte que les commissaires du Châtelet, qui, en 1393, informèrent contre son père, allèrent « soupper à l'Eschiquier, en la Cité. » L'hôtellerie de l'Échiquier dont il parle, c'était, évidemment, la maison contiguë à la Madeleine.

Église paroissiale et archipresbytérale de la Madeleine. En 1182, les juifs ayant été chassés du royaume, Philippe-Auguste, suivant le témoignage de Guillaume le Breton, fit transformer leurs écoles et leurs synagogues en églises (1). Telle fut particulièrement la destination que reçut la synagogue de la Cité de Paris, dont, en 1183, le roi fit don à l'évêque Maurice de Sully, pour élever sur son emplacement une église, *ad edificandam ibi ecclesiam* (2). L'église qui remplaça la synagogue de la Cité, c'est celle de la Madeleine, car Pierre le Chantre, dans sa *Somme de théologie*, écrite avant 1197, la mentionne en ces termes : *Ecclesia beatæ Mariæ Magdelenæ ubi fuit synagoga Judæorum* (3). On trouve une seconde indication de l'église de la Madeleine à l'année 1205, dans le testament de Christophe Malcion, qui légua une somme de cinq sous pour que son anniversaire y fût célébré (4).

Avant l'époque où Lebeuf (5) a fait connaître les faits que nous venons de rappeler, tous les historiens, depuis Du Breul, ont dit que l'église de la Madeleine était primitivement une chapelle sous l'invocation de saint Nicolas, dans laquelle était établie une confrérie de bateliers et de poissonniers. On ne sait pas l'origine de cette tradition. Il est certain que l'église reconnaissait pour second patron saint Nicolas, dont la statue, ainsi que celle de sainte Marthe, était placée sur le maître-autel, à côté de l'image « en bosse » de sainte Madeleine. Or, la présence sur l'autel, de la statue de sainte Marthe, était motivée par une confrérie de Sainte-Marthe, instituée par l'évêque Guillaume Chartier, le 11 juillet 1470 (6); il y a donc de grandes présomptions pour que l'adoption de saint Nicolas, comme second patron, soit due à une circonstance pareille, qui aura donné naissance à la tradition. Pour l'expliquer, Lebeuf a conjecturé que la *confratria mercatorum aquæ parisiensium*, existant en 1245, invoquait saint Nicolas comme protecteur et avait eu son siége dans l'église de la Madeleine; mais il n'en est point de preuve. Quoi qu'il en soit, c'est dans l'église de la Madeleine que, depuis 1266 au moins, s'est tenue la plus puissante et peut-être la plus ancienne de toutes

---

(1)   *Ecclesias fecit sacrari pro synagogis*
    In quocumque loco schola vel synagoga fuisset.
                                 Philippid., lib. I.

(2) Cart. de N. D., t. I, p. 38.
(3) *Pars I, cap. CI.*
(4) Dubois. *Hist. eccl. par.* T. II, p. 295.
(5) T. I, p. 344.
(6) *Inventaire des titres de la Madeleine*, Arch. de l'emp., reg. LL. 829. — Lebeuf ne parle pas de cette confrérie.

2

les confréries de Paris, celle dite la Grande confrérie Notre-Dame ou aux Bourgeois.

Le curé de la Madeleine était à la nomination de l'évêque, et l'église paraît avoir été paroissiale dès son origine ; quant à son titre d'archipresbytérale, elle ne l'avait point encore en 1224; mais d'après un titre cité par Lebeuf, on le lui donnait en 1232, et, depuis, le curé de la Madeleine a toujours joui de la dignité d'archiprêtre, qui lui conférait la suprématie sur tous les curés du diocèse, et une certaine autorité sur ceux dont les églises étaient au nord de la Seine. Le cartulaire de Notre-Dame contient une collation faite le 28 février 1270, au profit de Trémond de Paris, d'une certaine chapellenie, fondée en l'église de la Madeleine, par André de *Paci* (1), qui datait apparemment du commencement du siècle, et dont il est encore parlé au seizième. Lebeuf indique en outre une chapellenie de Saint-Michel, fondée en 1495 par Marguerite Joly, veuve de Robert Turgis, et deux autres, sous le vocable de la Vierge, dont nous n'avons rien vu dans les archives de la paroisse.

L'église de la Madeleine (*voir le plan*) se composait d'abord d'un vaisseau dont la largeur était d'environ huit mètres, et dont la profondeur, limitée par celle de l'îlot compris entre les rues de la Juiverie et de la Licorne, était de trente et un mètres cinquante centimètres par le milieu. Le 2 avril 1461, l'édifice menaçant ruine, et la fabrique étant dans l'impossibilité d'y pourvoir, l'évêque de Paris accorda une indulgence de quarante jours à tous ceux qui voudraient contribuer de leurs deniers à l'exécution des travaux nécessaires (2). Toutefois, en 1491, l'agrandissement de l'église n'avait point encore été entrepris, et, en louant alors une des maisons qu'on se proposait d'abattre, les marguilliers se réservèrent la faculté de résilier le bail aussitôt qu'ils seraient en mesure d'effectuer leurs projets. Cette circonstance se fit attendre assez longtemps, car le devis passé avec les maçons Jean Mareuil et Jean Motu, pour la construction de la chapelle Notre-Dame, par quoi on débuta, ne fut conclu que le 4 mars 1508. La chapelle Notre-Dame, dont l'autel fut consacré par l'évêque de Paris, le 10 mars 1510, ne s'acheva pas sans encombre, et c'est seulement le 22 mai 1512 que la fabrique obtint mainlevée d'une opposition formée par un nommé Legros, à l'érection du gros mur de la chapelle, qui tenait à sa maison. La maison de Legros étant celle qu'on

---

(1) Cart. de N. D., t. I, p. 180.
(2) Arch. de l'emp., reg. LL 829, et S 3430 Nous tirons de ce dernier registre les détails, tous inédits, que nous donnons sur l'agrandissement de l'église.

disait de *Jérusalem*, il est clair que la chapelle de la Vierge donnait sur la rue de la Licorne, et on la reconnaît ainsi dans le corps de bâtiment (A) divisé en deux travées, et contigu au chœur, du côté du midi. Le 16 août 1609, Jean Raisin, prêtre habitué, obtint la permission de bâtir, sur les voûtes de la chapelle de la Vierge, une chambre qui, en 1633, fut abandonnée au curé pour qu'il y logeât son vicaire. On y parvenait par une « montée » dont il n'est point de traces sur les plans.

Vers 1523 on ajouta à la nef, du côté du nord, des chapelles (BB), dont, comme nous l'avons dit, l'emplacement fut pris sur le fond de la maison de l'Échiquier. Ces chapelles n'étaient primitivement qu'au nombre de deux : l'une dédiée à saint Roch et à saint Sébastien, et l'autre à saint Michel (1). Celle qui contenait les fonts semble avoir été close postérieurement. Le clocher fut élevé de 1526 à 1528, et coûta sept cent quatre-vingt-douze livres, dont trois cents pour l'acquisition du plomb, à raison de treize deniers la livre. Le « revestiaire, » c'est-à-dire la sacristie (C), répondant sur la rue des Marmousets, ainsi que la chapelle, attenante, de Saint-Lazare (D), dite « de Mons. de Blandy » (1554), puis du Saint-Sacrement, et qui faisait le coin de la rue de la Licorne, furent édifiés en 1532 et 1533, du fruit des pardons de Rome, publiés à Paris et aux environs, et à l'occasion desquels on trouva treize cent soixante-sept livres huit sous dans les troncs (2). Aux clefs de voûte, à la porte et aux vitres de la chapelle de Blandy, on remarquait les armes de la famille Arbaleste, dont un membre, Nicolas Arbaleste, aumônier du roi, fit don à l'église d'une somme de quatorze cent quatre-vingt-dix-neuf livres, qu'on employa à l'achat d'ornements armoriés de son écu, et à la confection d'un lambris au-dessus de la nef (E), qui coûta neuf cents livres et fut posé de 1531 à 1533 (3). Aux environs de 1550 avait eu lieu la reconstruction des piliers, des voûtes et des arcs-

---

(1) La chapelle Saint-Fiacre, dont il est question en 1621, avait vraisemblablement remplacé la chapelle Saint-Michel.

(2) Il y avait, dans le compte de 1532, un article mentionnant la dépense faite pour « estouper » les baies du clocher du côté de la maison de M. de Blandy, parce que l'ambassadeur du pape, qui y demeurait, était alors malade. La fabrique pouvait lui devoir la concession des pardons.

(3) « Les armes de L'Arbalestre, dit Sauval (t. III, p. 595), sont aux vitres du maistre autel de la Magdeleine, avec un chapeau à cordons au-dessus de l'écu, comme les évesques, et une épitaphe dans une chapelle à main gauche du maistre autel. » Les Arbaleste demeuraient rue des Marmousets. (Voir à l'article de cette rue.)

boutants du chœur (H), dont la dépense monta à dix-neuf cent vingt-une livres trois sous quatre deniers. Entre 1549 et 1551, on fit emplette de l'aigle ou lutrin, au prix de cent quarante livres, et dans le même temps on adopta la résolution d'ouvrir, sur la rue des Marmousets, une porte (*a*), à l'occasion de laquelle surgit un procès avec le propriétaire de la maison de l'Échiquier. En 1656, on bâtit au-dessus de la sacristie et du trésor, des chambres qui servirent au logement du clergé de l'église.

L'inventaire où nous avons puisé les renseignements qui précèdent en renferme quelques autres assez curieux. En 1532, y fait-on observer, l'église de la Madeleine n'avait point encore de bedeaux, ou du moins, s'il s'en trouvait, on ne leur allouait aucun salaire, puisqu'il n'en est point parlé dans les comptes. Le premier des officiers payés par la paroisse était l'organiste, auquel on allouait dix livres par an; après lui venaient les chaudronniers chargés d'écurer les chandeliers et la lampe. Il n'y avait point de tapissier à gages; mais, aux grandes fêtes, le curé prêtait sa tapisserie, et, pour la tendre, il n'en coûtait que quatre ou cinq sols donnés à des hommes de peine. En 1551, au contraire, la fabrique payait un tapissier pour fournir et disposer des tapisseries les jours de grande solennité. Bientôt même elle en commanda cinq pièces, dont les modèles restèrent jusqu'en 1790 dans les archives de la paroisse, et, pour avoir composé « les rimes des histoires » que ces tapisseries devaient représenter, maître Antoine Cailly, « praticien en rhétorique, » reçut la somme de cinq livres. Cependant les tapisseries ne furent faites qu'en 1584 et 1586; elles revinrent à douze cent quarante-neuf écus vingt-cinq sous six deniers, et formaient deux tableaux : l'*Élévation* et le *Trépassement de sainte Marie Madeleine*. Le rédacteur du registre rapporte, en outre, qu'en 1532 on commença à mettre des bancs, oratoires (prie-Dieu) et siéges dans les chapelles, entre autres dans celle que François Bastonneau, notaire (1), loua pour quatre livres dix sous par an; qu'en 1551 l'église était garnie de nattes; qu'en 1554 les marguilliers achetèrent une croix d'argent vermeil de onze marcs deux onces, valant cent soixante-huit écus quarante-cinq sous, et qu'il est question d'une « crosse, » laquelle ne pouvait servir qu'à la suspension de la pyxide.

En 1698, la paroisse de Saint-Symphorien, et, en 1747, les paroisses de Saint-Christophe et de Sainte-Geneviève des Ardents ayant été

---

(1) Il demeurait vis-à-vis de l'église, dans la maison du Chapeau rouge, en la rue des Marmousets. (Voir ci-après.)

supprimées, leur territoire fut réuni à celui de la Madeleine, qui doubla ainsi d'étendue. Cela rendit indispensable l'accroissement des bâtiments de l'église. L'on acheta en conséquence la maison voisine, vers le midi, et, sur son emplacement, on construisit un nouveau bas-côté (K) d'après les dessins de l'architecte Parvis, acceptés le 17 juin 1748. L'église de la Madeleine a été vendue en 1793 et démolie, mais imparfaitement, car on en utilisa les ruines en y disposant des habitations, et un passage qui fut appelé *Passage de la Madeleine*. Il a disparu en 1843, lors du percement de la rue de Constantine. A cette époque il subsistait, du monument, une petite porte surbaissée s'ouvrant sur la rue de la Licorne (*b* du plan), qui a été démontée et portée dans le presbytère de Saint-Séverin, où on la voit encore. Elle confirme par son style ce que nous avons dit du temps où fut bâtie la chapelle de la Vierge. Dès 1318 l'église avait eu un « petit huys » sur la rue de la Licorne, et, dès 1300, une issue sur la rue des Marmousets, par le moyen d'une allée.

Maison sans désignation (1300), qui, en 1748, fut abattue pour l'extension de l'église de la Madeleine.

Maison sans désignation en 1300, puis dite « DE JHÉRUSALEM » (1508-1613), aboutissant rue de la Licorne. L'enseigne de cette maison provenait de ce qu'un de ses propriétaires, appelé Jean Legros, avait été à Jérusalem et voulait le rappeler. Le 9 juin 1557, ce Jean Legros, marchand et bourgeois de Paris, fit, en faveur de la confrérie du Saint-Sépulcre, séant aux Cordeliers, une fondation de vingt livres de rente annuelle, à prendre sur sa maison (1).

Maison sans désignation en 1300, puis de la NEF D'ARGENT (1432-1636). Elle fut donnée à l'église de la Madeleine, le 30 avril 1432, par Robert Flahaut et Guillemette, sa femme.

Maison sans désignation en 1300, puis « du PLAT D'ESTAING » (1433-1636).

Maison sans désignation en 1300, et depuis.

Maison sans désignation en 1300, puis du « ROY DAVID, » ainsi que de « LA HERPE » (1418-1487), et toujours après du ROI DAVID, jusque dans le milieu du dernier siècle.

Maison sans désignation en 1300, puis du CHEVAL BLANC (1478-1746), et aussi de la MADELEINE (1506-1587). Elle fut donnée à l'é-

---

(1) Du Breul, p. 535.

glise de la Madeleine, le 25 avril 1478, par Mᵉ Martin Guignon, notaire, et sa femme Jeanne. Le don comportait une « allée *où souloit estre ruelle,* appartenant auxdits mariez (époux), à cause de leur hôtel de la Licorne, et par laquelle allée » ils allaient de leur maison de la Licorne en la rue de la Juiverie. Cette allée, c'était l'ancienne

Ruelle de la Licorne, qui, suivant Jaillot, était mentionnée dans le censier de Saint-Éloy pour 1367 (1), et que cet auteur suppose, à tort, avoir longé l'église de la Madeleine. Nous n'en avons trouvé aucune indication datant de l'époque où elle était publique. Dans le procès-verbal d'alignement de 1507, elle est énoncée « une allée *que l'on dit avoir autrefoys servy à rue passant;* contenant icelle allée, trois pieds trois quarts de large et onze pieds trois quarts soubz plancher. » Elle était alors couverte et passait, à ce qu'il semble, sous la maison suivante, à l'article de laquelle il en est question.

JUSTICE DU ROI.

Censive du fief de Garges, de Culdoc ou de Gassion.

Maison sans désignation en 1278, puis de « l'Ymage Nostre-Dame » (1548-1700). La censive de cette maison était revendiquée par le prieuré de Saint-Éloy. En 1584 elle appartenait à « Mᵉ Ollivier Vallin, abbé de Sainct-Jehan d'Orbestier; » et, dans un censier de 1300, elle semble être désignée avec les suivantes, par ces mots : *duas domos in quibus sunt tria maneria, que vocantur Furnum Regis.* Nous n'avons pu vérifier jusqu'à présent si ce four du roi ne serait point, comme nous sommes porté à le croire, le même que celui, aussi situé en la Juiverie, qui appartenait à Guillaume de Garlande, sur les revenus duquel il donna une rente de vingt sous à Saint-Lazare, en 1167 (2), et que, en 1223, Mathieu, seigneur de Marly, tenait du chef de sa femme Mathilde (3).

Maison sans désignation en 1278, puis de « l'Ymage Saint-Martin » (1548-1630).

Maison sans désignation en 1507, qui est dite dépendre de la précédente en 1584, et en a dû faire partie anciennement.

(1) Ce censier est disparu.
(2) Cart. de Saint-Lazare
(3) Cart. de N. D , t. II, p. 202.

Maison sans désignation en 1278, puis de la Corne de cerf (1548-1700), qui, primitivement, comprenait sans doute la suivante.

Maison de la Clef (1387-1475), puis de la Croix Blanche (1507-1630). Elle est ainsi décrite dans un titre de 1584 : « Maison..... en la Juifverye, près l'église de la Magdeleine, où pend pour enseigne la *Croix blanche*, qui se consiste en ung corps d'hostel couvert de thuille, en comble à pignon. Au rez-de-chaussée a une boutique et arrière-boutique, un berceau de cave soubz ledict rez-de-chaussée, et oultre, petit berceau de cave du costé de la rue. Le tout garni d'une descente droicte et d'ung potoyer soubz la vis cy-après déclairée. Trois estaiges carrez, l'ung sur l'aultre sur l'estaige dudict rez-de-chaussée ; le premier et le second appliquez chacun à une chambre et garderobe, et le troisième appliqué aussi à une chambre et garderobe ; auquel garderobe il y a une cheminée et ung grenié par hault. Une viz dedans œuvre, servant à monter audict corps d'hostel, une court oultre ledict corps d'hostel, à l'ung des estaiges de laquelle y a troys estaiges et galeryes. Le premier estaige, appliqué à une petite cuysine où il y a une cheminée, et les deux aultres où y a des privez, ung petit berceau de cave soubz icelle court. Ladicte maison comme se estend et comporte de toutes parts, et de fons en comble, tenant d'une part à la maison où pend pour enseigne l'*Imaige Saint-Pierre*, d'aultre part à la maison de la *Corne de cerf*. »

PAROISSE DE SAINT-GERMAIN LE VIEUX.

JUSTICE

et censive du prieuré Saint-Martin des Champs.

Maison de l'Image Saint-Jacques (1415-1429), puis de l'Image Saint-Pierre (1430-1636). En 1384, confondue avec la suivante, elle ne constituait qu'une seule maison à deux pignons qui était dite en censive des ayants cause de Nicolas qui pie. Ce Nicolas qui pie était sire de Garges. Peut-être y a-t-il eu là un morcellement de fief, et la maison de Saint-Pierre est-elle la quatrième maison que la seigneurie de Garges possédait sur la rue de la Juiverie, en 1278.

Maison de « la Housse Gilet » (1) (1415-1475), puis de « l'Imayge

---

(1) La housse gilet était une sorte de vêtement qu'on a souvent pris pour enseigne aux quatorzième et quinzième siècles.

Saint-Kristofle » (1528-1688). Elle est plusieurs fois énoncée comme faisant hache au derrière de la maison suivante, qui paraît en avoir dépendu au quinzième siècle, et y a été réunie au commencement du dix-septième. Le prieuré Notre-Dame des Champs revendiquait un cens sur cette maison et la précédente.

Maison sans désignation en 1384, puis de « l'Image Nostre-Dame » (1427-1509). faisant le coin septentrional de la ruelle Porte-Bûche. Elle était d'une étroitesse remarquable, car elle ne présentait que sept pieds de largeur sur rue. Nous supposons que cette maison et les précédentes provenaient de la donation faite au couvent de Saint-Martin, en janvier 1204, par le chanoine de Paris, Robert de Gonseville, d'une maison que Guillaume de Garlande reconnut, au mois de mars suivant, avoir été amortie par son neveu, Hugues de Pompone, en la censive duquel elle se trouvait.

Ruelle Porte-Buche. Le nom de cette ruelle n'a jamais été imprimé dans aucun ouvrage, si ce n'est dans celui de Gérau (1), qui, en rencontrant une mention dans le rôle de la Taille de 1292, et n'ayant aucune idée de sa situation, a conjecturé qu'elle n'était autre que la petite rue des Cargaisons. La ruelle Porte-Bûche débouchait originairement en la rue de la Licorne, et n'avait que fort peu d'importance ; aussi les indications en sont-elles rares; nous en avons néanmoins recueilli plus de vingt, et une charte des archives de l'abbaye de Saint-Germain, datée de 1266, nous a appris qu'elle devait son nom à la maison d'un certain Robert, surnommé Porte-Bûche : *Domus Roberti dicti Porte-buche, que siquidem domus est sita in Judearia, Parisius, in censiva sancti Martini de Campis.* On lit dans un titre de 1325 : *ruella dicti* (sic) *Porte buche*, et ailleurs « ruelle dicte Portebuche » (1526), ou « Porte busche » (1559) et « la petite ruelle appelée *Pont Dabuche* » (1594). Dans un acte de 1728, on a écrit simplement « La Buche » ; à cette dernière époque, elle était fermée du côté de la rue de la Juiverie, mais il en existait un tronçon dont on aperçoit les traces sur le plan de La Grive. Dès le milieu du quatorzième siècle, elle était bouchée du côté de la rue de la Licorne, car elle est énoncée en des chartes de 1351 et 1358 « ruelle sans chief appellée Portebuche »; elle l'est, dans le procès-verbal de 1507, « petite ruelle sans bout, contenant la largeur de quatre piez, et sept piez de hault soubz plan-

---

(1) *Paris sous Philippe le Bel*, ap. *Documents inédits*.

cher ». Elle passait alors sous le corps d'hôtel antérieur de la maison suivante.

Maison sans désignation vers 1300, puis de « l'Ymaige Saincte-Marguerite » (1502-1596), faisant le coin méridional de la ruelle Porte-Bûche. En 1385, elle n'était point distincte de la suivante, à laquelle elle a plus tard abouti, et a été réunie dans le dix-septième siècle. L'église Saint-Martin des Champs revendiquait aussi un cens sur cette maison et la suivante, qui lui appartenaient en 1320 et antérieurement (1).

Maison du Four Saint-Martin (1255-1320), puis du « Dalphin » (1422-1596) et du Dauphin bleu (1646), ayant une issue en la ruelle Porte-Bûche. Le four que contenait cette maison appartenait aux religieux de Saint-Martin des Champs, dès 1119, suivant une bulle de Calixte II, transcrite dans le cartulaire du prieuré. L'emplacement en est représenté aujourd'hui par la partie méridionale de la maison, nouvellement rebâtie, qui porte le n° 39 de la rue de la Cité. Nous n'aurons sans doute jamais l'occasion de restituer une maison plus ancienne (2).

PAROISSE SAINTE-GENEVIÈVE DES ARDENTS.

Censive de l'abbaye Saint-Victor.

Maison de l'Ecu de France (1444-1572). Elle a été réunie à la

---

(1) Rien n'est plus difficile à suivre et à comprendre que l'histoire de ces censives entées les unes sur les autres, et donnant lieu à la perception de redevances diverses, énoncées *fond de terre, cens, chef-cens, gros cens, menu cens, surcens, croît de cens, rente,* etc. Ces expressions doivent avoir eu jadis, dans la pratique, une signification définie; mais aujourd'hui elles sont devenues obscures, et les titres où l'on s'efforce d'en découvrir le véritable sens abondent en indications contradictoires. Les continuelles tentatives d'usurpation des seigneurs sur les fiefs voisins des leurs, tentatives dont nous avons trouvé maintes preuves, et qui causaient d'innombrables procès, rendent d'autant plus embarrassante la détermination des droits de chacun. Au reste, tout cela était déjà si confus et compliqué il y a un siècle et demi, qu'on ne pouvait réussir à dresser un bon terrier de la Ville. La Cité, dont les censives étaient singulièrement enchevêtrées, offrait surtout des obstacles insurmontables.

(2) Les chartes du douzième siècle relatives à Paris sont rares, et il ne s'en trouve qu'un nombre excessivement restreint, de cette époque, qui aient trait à des maisons. Elles sont d'ailleurs presque toujours inapplicables, à cause du vague de leurs énonciations.— Nous connaissons, dans la Cité, deux autres maisons de la même année 1119.

suivante postérieurement à 1640. Cette maison appartenait d'abord aux religieux de Saint-Victor ; ceux de Saint-Martin l'ayant annexée à leur four voisin, s'engagèrent par transaction du mois de janvier 1255 à payer à l'abbaye, comme indemnité, soixante sous parisis de croît de cens, en se réservant toutefois la justice de la maison. Celles que l'abbaye possédait en la rue de la Juiverie paraissent provenir d'un échange fait en 1206 avec l'Hôtel-Dieu.

JUSTICE DE SAINT-VICTOR.

Maison de la « Teste noire » (1404-1750).

Maison de « l'Annunciation Nostre-Dame » (1485-1750) faisant le coin septentrional de la rue Saint-Christophe. Cette maison figure dans les déclarations foncières de Saint-Jean de Latran.

RUE AUX FÈVES.

Elle aboutissait d'une extrémité dans la rue de la Vieille-Draperie et aboutit encore, de l'autre, dans la rue de la Calandre. Elle date apparemment de l'époque mérovingienne, car c'est une de celles qui circonscrivaient le monastère Saint-Éloy, et qu'on nommait pour cette raison la *ceinture Saint-Éloy*. Il n'en existe pourtant point d'indication antérieure au treizième siècle.

On a donné au nom de cette rue trois origines différentes, déduites des trois manières dont il a été orthographié. Suivant les uns, on y vendait de la paille, en vieux langage *du feurre*, car la rue est dite « rue au Feurre » dans quelques documents, notamment dans un censier de Saint-Éloy, de 1495 ; suivant les autres, elle était habitée surtout par des forgerons ou *febvres*, et conséquemment il conviendrait d'écrire *la rue aux Fèvres*, comme dans certains actes du quinzième et du seizième siècle ; mais, d'après l'opinion la plus répandue, la rue aux Fèves est ainsi appelée parce qu'on y vendait des fèves et autres légumes analogues. Cette dernière version est indubitablement la vraie, attendu que la première orthographe, rare d'ailleurs, est relativement assez moderne, et que si la seconde se rencontre plus souvent et plus anciennement, elle a toujours été bien moins employée que la troisième. Cependant Jaillot rejette celle-ci, se fondant sur ce que des lettres royaux de 1260, le plus vieux titre à sa connaissance, où il fut parlé de la rue, l'énonçaient *Vicus Fabrorum, prope S. Martialem*; l'argument est sans valeur pour nous, parce que nous avons lu *Vicus Fabarum*, dans un titre de la même année 1260, ainsi que dans un autre de 1250, et *Vicus ad Fabas*, dans une charte de 1223.

COTÉ ORIENTAL.

PAROISSE SAINTE-CROIX.

JUSTICE

et censive du prieuré Saint-Éloy.

MAISON sans désignation en 1300, puis de la CROIX D'OR (1448-1600), faisant le coin oriental de la rue de la Vieille-Draperie. En 1601 elle subit un retranchement pour l'élargissement de la rue de la Vieille-Draperie. On restitue l'ancien alignement en plaçant un point à huit pieds neuf pouces de l'encoignure de la rue aux Fèves, et en le joignant par une ligne droite à l'encoignure de la rue de la Juiverie, qui ne fut point modifiée.

Sur la rue de la Vieille-Draperie, la maison de la Croix d'Or était séparée de celle qui faisait le coin de la rue de la Juiverie par deux maisons, aussi en censive de Saint-Éloy et en la paroisse de Sainte-Croix. Elles n'en formaient qu'une à la fin du treizième siècle, et nous n'avons jamais eu de renseignements sur leurs enseignes.

PAROISSE DE LA MADELEINE.

TROIS MAISONS sans désignation en 1300, et qui, en 1423, n'étaient plus que des dépendances de la maison des Chapelets faisant front sur la rue de la Juiverie, d'où est résulté, probablement, qu'elles appartenaient à la paroisse de la Madeleine. Auparavant elles avaient dû être comprises dans celle de Sainte-Croix ou dans celle de Saint-Martial.

PAROISSE SAINT-MARTIAL.

MAISON sans désignation en 1300, puis du BILLART (1423-1600).

MAISON DE « L'ESCU DE FRANCE » (1423-1600) et de L'IMAGE SAINT-ANTOINE en 1574.

Partie postérieure de la Halle au blé de Beauce, située en la rue de la Juiverie.

Maison sans désignation en 1300, puis partie postérieure de celle du Pot d'étain, rue de la Juiverie.

Deux maisons sans désignation (1300), qui ont dépendu de la maison du Château, et étaient séparées de la suivante par la ruelle du Four Basset.

Maison sans désignation en 1300, et qui, depuis, a été aussi une dépendance de la maison du Château.

PAROISSE SAINT-GERMAIN LE VIEUX.

Maison sans désignation qui, au quinzième siècle, dépendait de la maison des Quatre-Fils-Aymon, de la rue de la Juiverie, et, au seizième, a eu pour enseigne la Cage et « l'Ymage Saint-Jehan-Baptiste. »

Censive de la commanderie de Saint-Jean de Latran.

Maison du Panier (1346), ou « Pennier verd » (1584-1600), contiguë à la maison faisant le coin de la rue de la Calandre, laquelle n'en était qu'une dépendance ou un morcellement. Achetée des Haudriettes, le 30 avril 1448, par Étienne Sergent, elle fut léguée par lui à l'église Saint-Germain le Vieux, pour fondation de messes, et délivrée aux marguilliers, par ses exécuteurs testamentaires, le 28 octobre 1501. En 1581 on la louait au prix de quatre cents livres tournois par an. Au dix-septième siècle elle était divisée en deux, et la partie la plus voisine de la rue de la Calandre eut pour enseigne *la Brouette* (1686). La censive de cette maison était revendiquée par le prieuré Saint-Éloy.

RUE DE LA CALANDRE (1).

COTÉ SEPTENTRIONAL.

(Partie comprise entre les rues aux Fèves et de la Juiverie.)

PAROISSE SAINT-GERMAIN LE VIEUX.

JUSTICE
et censive de la commanderie Saint-Jean de Latran.

Maison du Chat (1345), ou du Chat blanc (1429-1497), faisant le coin oriental de la rue aux Fèves.

JUSTICE DU ROI.
Censive du chapitre Saint-Marcel et de l'Hôtel-Dieu.

Maison du Paradis (1343-1559), puis du Heaume (1429) et des « Ymaiges Saint-Marcel et Sainte-Geneviefve » (1507-1640). Au mois d'août 1230, et par suite d'un échange, le chapitre Saint-Marcel acquit cette maison du prieur du Temple, auquel elle appartenait. Le motif pour lequel le Chapitre désirait la posséder n'est pas exprimé dans la charte qui consacra la transaction (2); mais il y a lieu de penser que l'échange fut provoqué par une tradition suivant laquelle saint Marcel, l'évêque de Paris, serait né dans la maison. Cette tradition obtenait grande créance dans les deux derniers siècles du moyen âge : les archives du chapitre Saint-Marcel et la station que, le jour de l'Ascension, le chapitre Notre-Dame venait faire en procession devant la maison, en fournissent la preuve; rien néanmoins n'établit et vraisemblablement n'établira jamais si l'opinion populaire était fondée. Il faut reconnaître au surplus qu'elle n'est nullement contraire aux probabilités, car saint Marcel, qui mourut, dit-on, en 436, passe pour être né à Paris, et le lotissement de cette région de la Cité remonte évidemment à une époque très-ancienne.

---

(1) Le peu d'espace que les maisons des rues de la Calandre et Saint-Christophe occupent en notre étude, nous dispense de leur consacrer une notice; mais nous y reviendrons tôt ou tard, et nous signalerons les méprises dont elles ont été l'objet.

(2) Du Breul en a donné le texte, p. 95 et 96.

JUSTICE

et censive du roi?

MAISON DE « L'IMAGE SAINT-KRISTOFLE » (1385-1456). Le 19 janvier 1385, Jeanne Vermonde donna au chapitre Saint-Germain l'Auxerrois, pour fondation pieuse, un croit de cens de huit livres parisis, à prendre sur cette maison.

Censive du chapitre Saint-Symphorien.

MAISON DE « L'IMAIGE SAINT-NICHOLAS » (1456-1630).

MAISON DU CŒUR ROYAL (1577-1640), contiguë à la maison faisant le coin occidental de la rue de la Juiverie, et n'en ayant été détachée que dans le seizième siècle.

RUE SAINT-CHRISTOPHE.

COTÉ SEPTENTRIONAL.

(Partie comprise entre les rues de la Juiverie et de la Licorne).

PAROISSE SAINTE-GENEVIÈVE DES ARDENTS.

JUSTICE

et censive de Saint-Jean de Latran.

MAISON DE « LA SERAINE » ou Syrène (1353-1606), contiguë à la maison faisant le coin de la rue de la Juiverie.

JUSTICE DU ROI.

Censive de l'Hôtel-Dieu.

MAISON DU COURONNEMENT (de la Vierge), puis de « LA RATYÈRE » (1497), ou *Ratière d'or* (1728), ayant issue sur la ruelle Porte-Bûche. Cette maison devait une rente au Parloir aux bourgeois, ce qui fait qu'elle a été considérée comme en sa censive.

JUSTICE DE L'ÉVÊCHÉ.

Censive du fief du Franc rosier, appartenant à la Sorbonne.

MAISON DE « L'ESCU D'ORLÉANS (1425-1501), puis de « L'ESCU

de Bretaigne » (1543-1575). et de l'Écu de Bourgogne (1633), faisant le coin occidental de la rue de la Licorne. Elle se composait dès 1395, et encore en 1543. de trois corps d'hôtel ou maisonnettes, dont deux sur la rue Saint-Christophe, la seconde faisant le coin, et la troisième sur la rue de la Licorne. Au dix-septième siècle elles étaient toutes réunies en une seule; en 1543, celle du coin avait pour enseigne « le Petit chasteau », et celle qui était contiguë vers l'occident. l'Écu de Bretagne. Cette dernière est vraisemblablement une des deux qui furent données au collége de la Sorbonne par maître Jehan de Rue, et qui furent amorties au mois de décembre 1273 par l'abbé de Saint-Germain des Prés (1). En 1402, on comprenait encore en la censive du trésorier de ce monastère la maison de la rue de la Licorne, avec celle du coin.

RUE DE LA LICORNE.

Elle aboutit d'une extrémité rue Saint-Christophe, et, de l'autre, rue des Marmousets.

Elle a été énoncée en 1269 : *Vicus juxta Capicium monasterii beatæ Mariæ Magdalenæ*, et dès 1273, *vicus nebulariorum*, en français : « rue des Oubloiers » (1278), « aux Oublaiers » (1292), « des Obloyers, Obliers, Obléeurs, Oblayeurs et Oublieurs », à cause des marchands d'oublies qui y habitaient, ainsi que dans les environs. Dans la seconde moitié du quatorzième siècle, le nom de la rue de la Licorne, emprunté à l'enseigne d'une maison, a commencé à prévaloir ; nous lisons : « rue des Obliers maintenant de la Licorne » dans un titre de 1395. Toutefois cette dernière désignation n'était point encore exclusivement employée dans le courant du seizième siècle.

Jaillot, après avoir, avec raison, nié que la rue de la Licorne eût jamais été appelée *rue de la Madeleine* ou *du Marché Palu*, cite un censier de Saint-Éloy, aujourd'hui perdu, et datant de 1398, où se trouvait la rubrique de « rue des Marmousets que l'on souloit dire aux Oubliers » ; il en conclut que la rue des Oubliers comprenait cette partie de la rue des Marmousets qui donnait dans la rue de la Juiverie. Nous ne voyons là qu'une de ces anomalies, fréquentes dans les vieux titres, dont il faut s'abstenir de tirer des consé-

---

(1) Cart. de Sorbonne, f° 4, r°.

quences : la rue des Oubliers n'a jamais pu être considérée habituellement comme se terminant ailleurs que dans la rue des Marmousets, où elle tombe à angle droit, et qui était plus importante.

COTÉ OCCIDENTAL.

PAROISSE SAINTE-GENEVIÈVE DES ARDENTS.

JUSTICE DU ROI.

Censive de Notre-Dame des Champs.

MAISON sans désignation en 1320, puis de « l'YMAIGE NOSTRE-DAME » (1523-1600), ou BELLE IMAGE (1683), contiguë à la maison faisant le coin de la rue Saint-Christophe. Elle avait été séparée, au rez de chaussée, de la maison suivante, par l'issue de la ruelle Porte-Bûche, et appartint à l'église Saint-Hippolyte, à laquelle maître Savary, curé de cette paroisse, la donna par son testament daté du 3 octobre 1560.

PAROISSE DE LA MADELEINE (1).

Censive du fief de Garges.

MAISON DE « LA ROZE » (1559), ou de « LA ROZE ROUGE » (1583), et aussi des TROIS COMPAS (1571). Elle comptait pareillement en la censive du roi et renfermait trois corps d'hôtel qui, au treizième siècle, étaient des dépendances des maisons de la rue de la Juiverie. Elle a ainsi appartenu partiellement à Notre-Dame des Champs dès 1278.

MAISON DE LA BOULE D'ARGENT (1548), ayant fait partie, jusque dans le milieu du seizième siècle, de la maison suivante.

MAISON DU SABOT (1487-1584). Elle avait, au seizième siècle, ses « retraicts » communs avec les maisons des Images Saint-Martin et Notre-Dame, rue de la Juiverie, dont elle formait la partie postérieure en 1278. Elle était pour deux tiers en la censive de Saint-Éloy.

---

(1) Nous ne connaissons pas rigoureusement le point où se terminait, dans la rue de la Licorne, le territoire de la paroisse Sainte-Geneviève des Ardents, réuni en 1747 à celle de la Madeleine, et dont il n'y a pas de plan.

JUSTICE

et censive de Saint-Éloy.

Maison de « l'Unicorne » (1367), ou de la Licorne (1478-1574), qui donna son nom à la rue. Elle était anciennement séparée de la précédente par la ruelle dont il a été question rue de la Juiverie.

Les 18 et 21 septembre 1487, M⁰ Martin Guignon, notaire, donna la moitié par indivis, de cette maison, à l'Hôtel-Dieu, qui, le 26 mai 1525, acheta l'autre moitié, pour la somme de 1,100 livres, de l'héritière de Nicolas Pouart, auquel cette seconde moitié appartenait, en 1487, ainsi que bon nombre d'autres propriétés dans les environs.

Partie postérieure de la maison de Jérusalem, sise rue de la Juiverie.

Chevet de l'église de la Madeleine, s'étendant jusqu'à la rue des Marmousets. Au coin même il y avait eu une petite propriété, puis, en bordure sur la rue des Marmousets, une maison qui était séparée, en 1300, par une porte de l'église, de deux petites habitations plus tard englobées dans celle de l'Échiquier. Cette maison avait été achetée, par la fabrique de la Madeleine, du chirurgien Adam Martin, le 25 octobre 1439, et on la donnait encore à bail en 1524. La chapelle de Blandy fut ensuite bâtie sur son emplacement et sur celui de la propriété formant le coin de la rue de la Licorne, et qui pourrait n'avoir été qu'une dépendance de la maison d'Adam Martin, car il n'est point question de son acquisition dans les archives de la paroisse. Elles devaient toutes deux un cens au roi.

RUE DE LA LANTERNE.

Elle aboutissait d'une extrémité au pont Notre-Dame, et de l'autre, à la rue de la Juiverie. Confondue avec celle-ci, elle est énoncée : *Via superior quæ ducit ad majorem beatæ Mariæ ecclesiam*, dans une charte de 1115 (1), *vicus Judeorum*, dans une autre de 1179 (2); *Judaïsmum* en 1218, et *vicus Judearie* en 1253. Nous la trouvons également appelée rue de la Juiverie, en 1449, dans sa partie voisine du pont Notre-Dame, et nous avons lu dans des actes postérieurs,

---

(1) Cart. de Saint-Denis de la Ch., f⁰ 469. — L'expression de *via superior* est motivée par la différence de niveau entre la rue de la Lanterne et la rue déclive de Glatigny, que la charte désigne comme limites du cloître.

(2) Arch. de N. D. des Champs.

« rue de la Juifverie, aultrement dicte la Lanterne » (1513), « rue de la Lanterne, aultrement dicte de la Juyrie » (1573), et « à présent dicte la Juyrie » (1588). Le nom de *rue de la Lanterne*, emprunté à l'enseigne de la maison faisant le coin de la rue des Marmousets, se trouve dans le rôle de la Taille de 1296, et a toujours été le plus commun depuis le quinzième siècle.

Avant la construction du pont Notre-Dame, la prolongation de la rue de la Lanterne au delà de la rue de la Vieille Pelleterie formait une ruelle qui menait à la rivière, après avoir conduit au pont de bois qu'on appelait les Planches de Mibray, et, primitivement, au premier grand pont de Paris. Cette ruelle est énoncée « ruelle qui va à Saine, qui est devant Saint-Denis de la Chartre, » dans le censier de l'abbaye Sainte-Geneviève, de 1380, « Petite ruelle devers l'yaue, » dans le rôle de la Taille, de 1313, et « ruèle des Planches de Mibray, au bout de la Pèleterie, » dans celui de 1292.

COTÉ ORIENTAL.

PAROISSE

JUSTICE

et censive du prieuré Saint Denis de la Châtre.

Maison sans désignation en 1445, puis du « Porc espic » (1534-1647), contiguë à la première maison du pont Notre-Dame. C'était un morcellement de la suivante.

Maison des « Quatre vents » (1449-1665), faisant le coin septentrional de la place Saint-Denis de la Châtre. Avec la précédente, elle occupait en partie l'emplacement des deux maisons, du fief de Saint-Éloy, qui, vers 1300, bordaient vers l'orient, la petite ruelle des planches de Mibrai.

Place Saint-Denis de la Chatre. Cette place occupe, nous le croyons, l'emplacement de la porte septentrionale de l'enceinte gallo-romaine de la Cité, et peut devoir son origine à la démolition de cette porte. Une charte de 1278, ainsi que nombre de documents postérieurs, indiquent la place Saint-Denis de la Châtre, quelquefois appelée aussi « le carrefour Saint-Denis de la Chartre » (1445-1513). Après l'exhaussement du sol de la rue de la Lanterne, motivé par la construction du pont Notre-Dame, la partie de la place qui formait le parvis de l'église se trouva très-sensiblement en contrebas, ce qui donna lieu à l'établissement de marches rachetant la différence des niveaux. Près de ces marches, de cette « montée » ou « perron, » furent ensuite disposées des echoppes dont il est parlé dès l'année 1587, et aussi une petite maison contiguë à l'église et faisant le coin septentrional de la rue du Haut Moulin, qui existait déjà en 1601. En 1445 et sous Louis XIV encore, il y avait en outre, vis-à-vis de l'église et sur le bord de la rue de la Lanterne, une croix au pied de laquelle les justiciables du Prieuré venaient faire amende honorable, le cas échéant. Nous lisons, en effet, dans un inventaire des titres du couvent, que la nommée Cochon, autrement dite Laporte, pour avoir volé un douzain dans une bourse durant l'office, fut condamnée le 9 août 1513, par le bailli de Saint-Denis de la Châtre, à être fouettée nue au coin du carrefour, à être conduite « devant la croix, enlevée de pierre, estant en la grant rue Saint-Denis de la Châtre, et là crier mercy à Dieu et à madame Sainte-Barbe. »

A la fin du règne de François Ier, le prieur de Saint-Denis de la Châtre imagina de faire percer à travers les « masures, cours, jardins et dépendances » du monastère, une rue de dix pieds de large, dont la maison des Quatre Vents aurait formé le coin septentrional, et qui aurait été aboutir rue de Glatigny, à environ douze toises et demie de la Seine. On divisa en conséquence le terrain disponible compris entre la future rue et la rivière, en six lots, dont le cinquième, à compter du pont Notre-Dame, fut accensé le 28 mars 1544; le quatrième et le sixième, l'année suivante. Les baux comportaient l'obligation, pour les preneurs, de bâtir sur leurs parcelles et de faire paver la rue au droit de leurs propriétés. Mais quoique, en 1551, le pape, sur l'avis des docteurs de Sorbonne, qui approuvaient cette aliénation des biens du prieuré, eût donné l'autorisation de l'effectuer, la rue n'a jamais été faite et aucun auteur n'a su qu'elle avait été projetée.

Four Saint-Denis de la Chatre, faisant le coin méridional de la place Saint-Denis et de la rue du Haut Moulin. Ce four banal du prieuré, dont il est question dans une charte de 1137, et qui est encore mentionné en 1305, fut affranchi en 1144, par Louis le Jeune, de tous les droits que possédaient ou s'arrogeaient les officiers du roi sur les trois chambres faisant partie de ses dépendances (1). En 1375 et 1428 c'était une maison qui avait pour enseigne

---

(1) Cart. de Saint-Denis de la Châtre.

« Le Pourcellet. » Au seizième siècle elle était divisée en deux moitiés : la première forma la maison de la Couronne d'Or (1506-1730), et devait une rente à l'église Saint-Symphorien. La seconde était la

Maison de « l'Imaige Saincte-Barbe » (1534-1630).

JUSTICE DU ROI.

Censive du fief de Harenc ou Cocatrix, appartenant aux Haudriettes.

Maison « du Chapeau » (1364), ou « Masure du chaperon » (1445), qui fut divisée en deux parties, dont la première devint la maison de l'Image Saint-Yves (1513), puis de la Fleur de lys couronnée (1565-1730); et la seconde, la

Maison de « l'Escu de Bretaigne » (1518-1730). Cette maison ou la précédente avait pour enseigne le Cheval noir, en 1444.

JUSTICE

et censive du prieuré Saint-Éloy.

Maison du Grand godet (1) (1364). Cette maison appartint, au treizième siècle, à Pierre de l'Encloistre. Elle fut dans la suite morcelée en deux parties, dont la première conserva l'ancienne enseigne et eut aussi celles du Godet blanc et noir (1600), et de « l'Adventure » (1583-1637). La seconde fut connue sous le nom de :

Maison de « l'Escu de Polongne » (1575-1605), et également du Grand godet (1640). Elle appartint aux marguilliers de Saint-Denis de la Châtre, à qui elle fut donnée en 1499, par François Barbier et sa femme Catherine.

Maison du Paon blanc (1391-1640), mentionnée au treizième siècle.

PAROISSE DE LA MADELEINE.

JUSTICE DU ROI.

Censive des Haudriettes, contestée par Saint Éloy.

Maison de la Lanterne (1411-1600), faisant le coin septentrional de la rue des Marmousets. L'enseigne de cette maison, dont la rue

---

(1) Vase à boire.

a pris le nom, paraît être mentionnée dans le livre de la Taille de 1292, où on lit : « Agnès *de la Lanterne*, regratière.... 2 s. »

RUE DES MARMOUSETS.

Elle aboutissait d'une extrémité à une porte du cloître Notre-Dame, au droit de la rue de la Colombe, et se terminait, de l'autre, à la rue de la Juiverie. Il est probable que, comme la rue de la Vieille-Draperie dont elle formait la continuation, elle est d'origine gallo-romaine ; mais aucune occasion de le constater ne s'est encore offerte.

Une maison, dite des Marmousets, *domus Marmosetorum*, dès 1206, a fait donner à cette rue le nom qu'elle a toujours porté depuis, avec quelques variantes d'orthographe, et aussi dans la forme syncopée de « rue des Marmotz » (1536), dont nous n'avons vu qu'un exemple. Au reste, comme l'a dit Sauval, et contrairement à ce qu'affirme Jaillot, la partie occidentale de la rue des Marmousets a très-certainement été appelée parfois *rue de la Madeleine*, car nous la trouvons ainsi désignée dans le livre de la Taille de 1296, dans des titres fort explicites de 1327, 1362, 1368 (1), et encore au seizième siècle. Il paraît même, par un article du compte des confiscations de 1427 à 1434, qu'on a dit en outre *rue des Mailles* ou plutôt *des Maillets* (2). Cette dénomination provenait d'une maison qui avait pour enseigne les Maillets, et était attenante à celle des Marmousets.

COTÉ SEPTENTRIONAL.

PAROISSE DE LA MADELEINE.

JUSTICE DU ROI.

Censive du fief de Harenc, appartenant aux Haudriettes.

Petite maison sans désignation (1300), contiguë à la maison faisant le coin de la rue de la Lanterne. En 1506 elle renfermait les

---

(1) On lit dans le titre de 1327 : « Maison.... *rue de la Madelaine*.... dont l'entrée aboutit en l'encontre de la rue aux Oublaiers (de la Licorne) ; » et dans celui de 1368 : « Maison.... rue Saint-Denis de la Chartre (rue du Haut-Moulin).... ayant une allée issant en la *rue de la Magdeleine*. »

(2) Sauval, t. III, p. 567. La maison dont il est question dans le compte est celle de l'Échiquier, contiguë à l'église de la Madeleine, et faisant le coin des rues de la Juiverie et des Marmousets.

étables de la maison suivante, dont elle dépendait depuis un siècle au moins.

Maison du « Chapiau rouge » (1313-1605). Au quinzième siècle elle aboutissait à l'église Saint-Symphorien, et, en 1518, à la maison ci-après. C'était une taverne dès le temps de Philippe le Bel.

Maison sans désignation en 1386, puis de la Longue allée (14..-1599), de la Corne de Cerf (1547-1701), et aussi de la Fleur de Lys en 1561. En 1386, elle aboutissait déjà sur la rue du Haut-Moulin, apparemment par la réunion de la maison contiguë à l'église Saint-Symphorien (*voir* rue du Haut-Moulin), qui avait issue sur la rue des Marmousets par une allée dont l'existence explique le nom de la Longue-Allée donnée à la maison de la Corne de Cerf, dont les marguilliers de la Madeleine firent acquisition le 10 juin 1695. Elle payait un cens au roi, ainsi que les maisons suivantes.

Censive d'une partie du fief de Cocatrix qui appartint à divers propriétaires.

Maison de la Croix blanche (1549-1701). Elle faisait d'abord partie de la précédente, et le partage qui l'en sépara eut lieu le 4 mars 1554. Elle avait été donnée à l'église de la Madeleine, le 31 mai 1549, par Chrétienne Breignain, femme de Michel Gaultier, marchand de vins, qui en avait réservé la jouissance viagère à Charles Thoud et sa femme. Au mois d'avril 1604, elle fut achetée par Jacques Broussel, conseiller aux enquêtes, et on l'appelait l'*Hôtel des Romains* en 1703. Suivant un titre des archives de l'Hôtel-Dieu, les maisons de la Corne de Cerf et de la Croix Blanche avaient eu pour enseigne le *Pressoir vert,* lorsqu'elles étaient réunies. Celle qu'elles constituaient primitivement était un sujet de contestation entre les Haudriettes et le possesseur de l'autre portion du fief de Cocatrix, qui en revendiquaient à la fois la censive. Il en résulta un procès, suivi d'un accord antérieur à 1520, et d'après lequel la grande maison fut divisée en trois parcelles, dont l'une, attenant au Chapeau-Rouge, demeura dans le fief des Haudriettes, et les deux autres furent comprises dans la seigneurie laïque de Cocatrix. Ce sont ces dernières qui ont formé la maison de la Croix Blanche, dont les dépendances s'étendaient sur la rue du Haut-Moulin, au derrière de l'hôtel de la Corne de Cerf.

Maison du Lion d'Or (1475-1520), faisant le coin occidental de la rue de Glatigny, et s'étendant jusqu'à la rue du Haut-Moulin, dont elle formait le coin méridional. Elle est énoncée en 1336 « en laquelle on a faict deux corps d'hostel neufs », et dite, en 1461, composée de plusieurs maisons « toutes mises en une. » La moitié en fut donnée le 30 mars 1495 (v. s.), par Jean (*alias* Ambroise) de Cambrai, au collége de Sorbonne, qui semble s'en être rapidement défait. La maison du Lion d'Or tout entière appartenait, au commencement du seizième siècle, à Mᵉ Guy Arbalestre, seigneur de la Borde, président à la chambre des comptes, et en 1536, à Nicolas Arbalestre, aumônier du roi. En 1640, les quatre parties dont elle se composait déjà en 1600 étaient autant de propriétés particulières.

RUE DU HAUT-MOULIN.

Elle aboutit d'une extrémité à la rue de Glatigny, et, de l'autre, à la rue de la Lanterne, actuellement de la Cité.

L'église Saint-Symphorien, située dans cette rue, l'a fait appeler quelquefois *rue Saint-Symphorien;* elle est ainsi désignée dans un acte de 1386 et dans la liste des rues donnée par Corrozet; mais, assure Jaillot, le nom de Saint-Symphorien, en ce dernier document, ne se rapporte qu'à une moitié de la rue, l'autre étant énoncée *rue du Haut-Moulin*. Jaillot se trompe assurément; car, outre qu'il n'est trace nulle part de cette prétendue division de la rue en deux parties, il suffit, pour constater que Corrozet n'a point eu la pensée qu'on lui prête, de remarquer que, immédiatement après la mention de la rue Saint-Symphorien, il place celle de la rue de Glatigny. La méprise de Jaillot vient de ce que Corrozet fait suivre la rue de Glatigny de la rue du Haut-Moulin et de la rue Saint-Landry, dont Jaillot a ignoré l'identité avec celles de Saint-Landry et du Chevet Saint-Landry, parce qu'il n'a point eu connaissance des pièces où cette identité, que nous démontrerons ailleurs, nous est apparue palpable. Au reste la « rue Sainct Siphorian » est déclarée aboutir d'un bout « à la place Sainct Denys de la Chartre » et, de l'autre, « à la rue de Glatigny », dans l'édition de Corrozet, publiée en 1543 (1).

Avant de dire, comme aujourd'hui, *rue du Haut-Moulin*, expression deux fois impropre, on a dit *rue des Hauts-Moulins*, ce qui est la véritable forme, mais constitue une appellation sans raison d'être,

(1) Cette édition est tellement rare qu'on n'en connaît qu'un seul exemplaire. Il fait partie de la magnifique bibliothèque de M. le baron J. Pichon, président de la Société des bibliophiles, qui a bien voulu le mettre à notre disposition.

par rapport à la rue, puisque celle-ci n'a jamais conduit à ces hauts moulins dont elle porte le nom. Aussi est-ce seulement vers le milieu du seizième siècle qu'on a commencé à le lui donner, par suite de confusion (1), et en l'empruntant à la rue, voisine, de Glatigny, qui le recevait parfois et à laquelle il convint effectivement (2).

Le vrai nom de la rue du Haut-Moulin est celui de *rue* ou *ruelle Saint Denis de la Châtre*, qui s'explique de soi-même, qu'on trouve dans Guillot, et qui a été le plus communément employé depuis, jusqu'à la fâcheuse substitution que nous venons de signaler. Au treizième siècle on se servait de la locution « au chevès Saint-Denis de la Chartre » dont on a fait usage dans les rôles de la Taille de 1292, 1296 et 1297. Nous lisons dans une charte de 1390 : « rue Noeve Saint-Denys, dite le chevet Saint-Simphorian »; mais nous ne savons ce qui motive cette épithète de *neure* que nous retrouvons en 1403, 1445, et très-fréquemment au seizième siècle. Serait-ce cette circonstance que la rue a été percée longtemps après celles qu'elle met en communication ? Jaillot assure que, dès 1204, elle était qualifiée de *rue Neure-Saint-Denis*. Nous regrettons d'autant plus de n'avoir point eu l'occasion de le vérifier, que le censier auquel il renvoie, à ce sujet, ne nous semble point avoir pu être aussi ancien (3). Nous n'avons point vu de mention de la rue du Haut-Moulin antérieure à la charte de 1206, relative à la Chapelle Saint-Symphorien, et où elle est simplement énoncée : *Strata quæ inter ipsum locum* (celui de la chapelle Saint-Symphorien) *et ecclesiam sancti Dionysii de carcere, ducit*. Elle l'est « ruelle qui va dudit Glatigny à Saint-Sainforien et Saint-Denis de la Chartre », dans un document de 1461.

A en juger par le langage de Guillot, la rue Saint-Denis de la Châtre n'était pas, de son temps, beaucoup mieux famée que la rue de Glatigny. Jaillot parle d'une certaine *ruelle des Étuves* qui, en 1531, aurait été située en la première, mais c'est encore une erreur.

---

(1) Vers cette époque la confusion a été assez grande pour que, dans un titre de 1628, la rue du Haut-Moulin ait été appelée *rue des Ursins ou de la Petite Lanterne*.

(2) Un acte de 1597 énonce la « ruelle neufve de Saint-Denys de la Chartre, qui conduit en la rue des Haults moullins, aultrement de Glatigny. »

(3) Aucune communauté de Paris ne possédait un censier remontant si haut, et l'on doit croire à une erreur de date. Il y a un certain nombre d'erreurs de cette sorte dans l'ouvrage de Jaillot, qui a souvent travaillé d'après des copies de titres, et non d'après les originaux.

COTÉ MÉRIDIONAL.

PAROISSE SAINT-DENIS DE LA CHATRE.

JUSTICE DU ROI.

Censive du fief de Cocatrix appartenant à des particuliers.

Maison sans désignation et divisée en deux parties (1601), faisant le coin de la rue de Glatigny. C'était d'abord la partie postérieure de la maison du Lion d'Or de la rue des Marmousets. En 1368 le terrain en était vide par suite de démolitions.

Maison sans désignation et contenant deux boutiques, en 1601. Précédemment, c'était une dépendance de la Croix Blanche, rue des Marmousets, et, plus anciennement, elle avait été confondue avec la suivante.

Maison sans désignation, que, le 20 février 1340, les Haudriettes permirent de posséder aux religieux de l'abbaye Saint-Euverte à Orléans. En 1362 elle n'appartenait plus à ces moines, et son propriétaire fut autorisé à suspendre un « cercel à taverne ou autre enseigne » au-dessus de la porte d'une allée, au moyen de laquelle elle communiquait avec la rue des Marmousets. Au commencement du seizième siècle elle dépendait de la grande maison de la Longue-Allée, en la même rue des Marmousets, et s'étendait au derrière de la chapelle Saint-Symphorien, sur un emplacement qui avait dépendu soit de cette chapelle, soit de la maison du Chapeau rouge. Après le morcellement de la maison de la Longue-Allée, elle a dépendu de celle de la Croix Blanche. Sous Louis XIV, elle avait pour enseigne l'*Image Saint-Jean*.

Chapelle Saint-Symphorien, faisant l'encoignure saillante de la rue, et contiguë à la maison du coin de la place Saint-Denis de la Châtre.

La chapelle Saint-Symphorien en avait remplacé une autre fort ancienne, sous l'invocation de sainte Catherine, et dont l'origine ainsi que l'histoire sont entièrement inconnues. Au commencement du treizième siècle, cette chapelle, qui passait pour avoir été élevée sur le lieu même où saint Denis avait été emprisonné, était à peu près abandonnée, *ad solitudinem redacta... et neglectum*, en dépit de la tradition qui s'y rattachait, et a fait supposer qu'elle était le reste d'un oratoire primitivement dédié à saint Denis. Elle appartenait alors à Mathieu III, comte de Beaumont, qui, pour suppléer au vœu qu'il avait fait d'aller à Jérusalem, en fit don, au mois de décembre 1206, à Eudes de Sully, évêque de Paris, en stipulant que, sur l'emplacement de la chapelle, celui-ci bâtirait une église consacrée à saint Denis, et y établirait deux prêtres ou chapelains auxquels le comte pourrait en adjoindre un troisième, à sa présentation ou à celle de sa famille. L'accord fut ratifié par une première confirmation de l'évêque, du même mois de décembre 1206 (1), puis, par une seconde, du mois d'août 1207. Il est dit, en cette dernière, que le nombre des chapelains serait de quatre, et que, pour leur entretien, il avait été donné par Éliénor, comtesse de Vermandois, femme du comte de Beaumont, une somme de cent marcs d'argent, qui servit à l'achat du four d'Enfer et de rentes; et de plus, par Garnier de Saint-Ladre et sa femme Agnès, une maison devant Saint-Julien le Pauvre, ainsi que quatre arpents et demi de vignes, dont trois situés dans le val Saint-Martin, et le reste près de Rueil. Les chapelains, dont l'un était chargé de prier pour la feue reine Agnès de Méranie, et les trois autres, pour Garnier de Saint-Ladre et sa femme, devaient faire l'office à la façon des chanoines; aussi leur en donnait-on le titre à la fin du treizième siècle. Ils ne furent néanmoins autorisés à s'assembler en chapitre que le 10 juin 1422, et Sauval a publié une partie de leurs statuts d'après un registre écrit vers 1450 (2). Ils possédaient dans la Cité une petite censive dont nous avons mentionné les maisons.

D'après la teneur des lettres de 1206 et 1207, la nouvelle chapelle devait être dédiée à saint Denis, mais il est douteux qu'elle l'ait été réellement, car on ne l'a jamais connue que sous le nom de Saint-Symphorien, et elle est déjà énoncée *Ecclesia sancti Symphoriani de carcere*, dans une charte du mois d'avril 1214, par laquelle Robert de la Chambre et sa femme Jeanne, qui percevaient vingt sous parisis de cens sur le four d'Enfer, en abandonnèrent cinq, et vendirent le reste douze livres parisis au clergé de l'église. Au mois de juin 1223, Pierre Sarrazin, bourgeois de Paris, et Agnès sa femme, avaient réduit à huit deniers de chef-cens la redevance à eux due sur la vigne

---

(1) Le texte de la première confirmation a été publié par M. Douet d'Arcq dans ses excellentes *Recherches sur les anciens comtes de Beaumont* (Mém. de la société des antiquaires de Picardie, t. IV), avec la seconde confirmation et la charte de Mathieu III, d'abord éditées par Du Breul (p. 117).

(2) T. I, p. 347.

octroyée en aumône par Garnier de Saint-Ladre (1). Au mois d'octobre 1225, le revenu des prébendes fut augmenté d'une somme de cent vingt-cinq livres parisis, léguée par Raoul de Chènevacier pour la fondation d'une chapellenie supplémentaire, et qui fut reconnue insuffisante pour cela.

Plusieurs confréries avaient leur siège dans l'église de Saint-Symphorien; on nomme celle des maîtres serruriers de Paris, établie en 1491, et celle des maîtres paveurs de la Ville, établie sous le titre de Saint-Roch, le 26 août 1499, auxquelles il faut ajouter celle des maîtres couvreurs, qui s'y installa en vertu d'un traité, le 14 mai 1492 (2). Les émoluments de ces confréries aidaient à vivre les chanoines, qui étaient encore au nombre de quatre en 1527 et en 1618; mais, à cette dernière époque, leurs revenus se bornaient à soixante livres deux sous six deniers, et à ce que rapportaient les confréries et les oblations faites, chaque vendredi, par les femmes enceintes. Le service n'avait plus lieu que d'une façon très-irrégulière dans l'église qui, assurait-on, menaçait ruine, et dont les réparations, au dire des maçons jurés, Marie et Girault, auraient nécessité une dépense de trois mille cinq cents livres. Ces circonstance et d'autres décidèrent l'évêque de Paris à y transférer, par arrêt du 11 juillet, l'autel parochial de Saint-Leu et Saint-Gilles, placé dans la nef de l'église Saint-Denis de la Châtre, et dont la fabrique dut s'engager à assurer annuellement aux quatre chanoines une rente de cinquante livres chacun. L'ancienne paroisse de Saint-Denis de la Châtre ne subsista que quatre-vingts ans après sa translation, car, par décret du 31 décembre 1698, elle fut supprimée avec le chapitre de Saint-Symphorien, et son territoire attribué à l'église de la Madeleine. Quant au bâtiment de la chapelle, il fut adjugé le 3 mai 1704, à la Communauté des peintres et sculpteurs, qui la firent restaurer et décorer, lui donnèrent le nom de Chapelle Saint-Luc, en l'honneur de leur patron, et construisirent au-dessus une école publique de dessin, autorisée par lettres-patentes du 17 novembre 1705.

L'église ou chapelle Saint-Symphorien affectait la forme d'un carré régulier d'environ onze mètres de côté. Elle est détruite, et nous ne connaissons, sur ce qu'elle renfermait, que les détails suivants empruntés à Du Breul : « Sur la porte, qui est au chevet de l'église, on void sainct Symphorian et sainct Blaise représentez en

---

(1) Garnier de Saint-Ladre ou Saint-Lazare, et Pierre Sarrazin sont, comme on sait, les parrains de deux des vieilles rues de Paris.
(2. Invent. de Saint-Symphorien, reg. LL 829.

peinture. Et de ces deux seuls les chanoines font la feste.— On void encores aux vitres qui sont au-dessus du maistre autel les vieilles figures de sainct Denys et de saincte Catherine, et aux aultres vitres plusieurs semblables figures de grande ancienneté.

« Ceste église fut dédiée le troisiesme jour de mars : mais on ne scet l'année. Anciennement elle estoit aussi basse que l'église Sainct-Denys de la Chartre, et la descente commençoit au chevet d'icelle église et finissoit à l'eau. Mais depuis que l'on eut parfaict de pierre le pont Nostre-Dame, qui auparavant n'estoit que de bois, ceste église fut divisée en deux par une voulte au milieu, et les advenues de part et d'autre rehaussées, demeurant moictiée dans terre et moictiée dehors. En sorte que maintenant, la haute chapelle a sa porte au rès-de-chausée; et la basse est fort obscure, n'ayant lumière que par deux fenestres qui sont joignant le pavé. En icelle il y a un puis, des fons et trois autels.

« Auprès l'autel du milieu, il y a deux tombes de pierre de taille, élevées de terre d'environ quatre ou cinq doigts, comme pour servir de marches à l'autel, sur lesquelles sont gravées les figures de Garnier de Saint-Lazare et Agnès sa femme, dont nous avons parlé cydeuant; comme le remarque ceste écriture, gravée sur les bords de la première tombe : *Sub brevitate situs fuit iste maritus istius Agnetis, qua parte videtis. Primo voluere consumpti cinere simul istinc ambo jacere.* Et à l'entour de l'effigie de sa teste, est escrit en vieil langaige ce qui s'ensuit : « Vos qui alez par cest moustiez, priez pour l'âme de Garnier Tésaul. Si en corce ie sui, vos E si con ie fui Roiz si con. » Qui veut dire à mon advis : « Vous qui venez en cette église, priez pour l'âme de Garnier Tésaul. Si à présent je suis nud, vous serez un jour de mesme, roys et comtes. »

La chapelle Sainte-Catherine, avons-nous dit, passait pour être bâtie sur le lieu même où saint Denis avait été emprisonné. On lit en effet dans les chartes de 1206 et 1207 « ... *locum illum in quo incarceratus dicitur beatus Dionysius, qui dicitur capella sanctæ Catherinæ.* » — « ... *In civitate parisiensi locus quidam reverentiæ, et religionis antiquæ, in quo gloriosus martyr Dionysius in carcere traditus fuisse detentus. Quem etiam Dominus Jesus Christus sua perhibetur presentia honorasse, cum eidem martyri corporis sui sacramentum propinavit. Ubi etiam olim devotio fidelium capellam erexerat.* » Que faut-il penser de cette croyance?

Il fut un temps où l'on accordait une foi aveugle à toutes les traditions, sans prendre la peine d'en examiner la vraisemblance; puis en est venu par degrés un autre où les traditions ont été absolument dédaignées, comme ne comportant jamais que des erreurs. Ce second système est aussi pernicieux que le premier, et peut-être même l'est-il davantage ; car plus les sciences historiques font de progrès, plus on reconnaît que les traditions sont des données dont il est indispensable de tenir compte, toutes les fois qu'on n'a aucune certitude de leur fausseté, et particulièrement quand on n'a rien à mettre à leur place. La tradition indiquée dans la charte du comte Mathieu est loin de faire exception à cette règle.

On ne peut douter que saint Denis, avant de subir son dernier supplice, n'ait été jeté en une prison à Paris, ainsi que le rapportent ses histoires ; toutefois, avant de rencontrer un document sur l'emplacement de cette prison, il faut descendre jusqu'au temps de Louis le Débonnaire : vers 835, Hilduin a écrit dans ses *Aréopagitiques*, que saint Denis, après avoir enduré diverses tortures, fut, en compagnie de saint Rustique et de saint Eleuthère, renfermé en la prison dite alors de Glaucin, *in carcere Glaucini, tres simul electi Domini recluduntur* (1). Il est certainement digne de remarque que Hilduin énonce le fait non point comme une révélation ou une circonstance peu connue, mais bien comme une chose familière à tout le monde, de notoriété publique. Nous en concluons que la tradition était déjà vieille et remontait pour le moins au siècle précédent, ce qui, on l'avouera, constitue une antiquité imposante.

On ne possède qu'un renseignement sur l'endroit où était située la prison Glaucin. Dans les *Gestes de Dagobert*, œuvre anonyme et contemporaine de Hilduin, il est rapporté que Dagobert fit don à l'abbaye de Saint-Denis, vers 633, de certaines places dans Paris et au dehors, ainsi que de la porte de cette ville qui, dit le chroniqueur, est près de la prison Glaucin… *Areas quasdam infra extraque civitatem Parisii, et portam ipsius civitatis, quæ posita est juxta carcerem* (ou *arcem*) *Glaucini* (2). Ainsi la prison Glaucin était voisine d'une des portes de la ville ; reste à savoir laquelle. Suivant Jaillot, ce serait celle qui a été depuis nommée l'*archet Saint-Merry* (3) ; mais, pour admettre l'exactitude de cette opinion, que rien ne con-

---

(1) *Areopagitica* ap. L. Surius. *De probatis sanctorum vitis*, éd. de 1618, t. X, p. 128.

(2) *Gesta Dagoberti*, ap. Script. rer. Franc. T. II, p. 588, E.

(3) Quartier de la Cité, t. I, p. 74. Jaillot a probablement cru cela parce que, du temps de Suger, l'abbaye de Saint-Denis avait la propriété d'une porte de Paris, *versus sanctum Medericum*, ce que l'on a traduit par : près de Saint Merry ; mais, quoi qu'on en ait dit, le texte original est obscur, et l'on est parfaitement en droit de soutenir que *versus sanctum Medericum* doit s'interpréter : du côté de Saint-Merry,

firme, il faut admettre aussi que l'enceinte dont l'*archet* Saint-Merry a fait partie existait dès 633, et rien n'est plus contraire aux probabilités. Or, si la porte en question ne se trouvait pas là où Jaillot la place, elle était dans la Cité et dépendait de la vieille muraille gallo-romaine, laquelle, nous disposons d'assez d'indices pour l'affirmer, passait infailliblement très-près de la chapelle Sainte-Catherine, et nous en sommes tout aussi sûr, avait une de ses deux grandes portes au bout de la rue de la Lanterne, par conséquent à proximité de la chapelle. Donc, à défaut d'une démonstration rigoureuse, qu'on peut bien rarement obtenir en pareille matière, il y a un ensemble fort probant de présomptions pour que la chapelle Sainte-Catherine soit le même édifice que la prison Glaucin, et par suite, pour que la tradition relative au cachot de saint Denis, remontant authentiquement au delà du neuvième siècle, soit vraiment fondée.

Examinons maintenant si, parmi les objections ayant été ou pouvant être proposées contre la thèse que nous soutenons, nous en rencontrerons qui l'entament. Il appert d'un passage de Grégoire de Tours, fait observer Lebeuf (1), qu'en 586 la prison de Paris était située dans la partie méridionale de la Cité; nous répondrons 1° que le passage de Grégoire établit simplement qu'il y avait une prison dans la région australe de l'île, et non point qu'il n'y en avait qu'une seule dans toute la ville (2); 2° que si la prison de saint Denis était connue alors, elle pouvait être respectée, consacrée au culte, et ne plus servir à sa destination primitive, de sorte que l'emplacement de la prison de 586 est absolument sans intérêt par rapport à la question que nous agitons. Au surplus, et Lebeuf le reconnaît lui-même, d'un passage de la vie de saint Éloy, rédigée au septième siècle, il ressort que la Cité contenait, à cette époque, une prison que rien n'empêche de prendre pour celle à laquelle Saint Denis de la Châtre a dû son

---

la porte en question, dont Suger augmenta le revenu, pouvant être la porte septentrionale de la Cité, donnée par Dagobert à l'abbaye, et qui effectivement était située du côté de Saint-Merry. Il n'est d'ailleurs pas très-sûr que la porte *versus sanctum Medericum* soit la même que celle qui appartenait aux moines, car le passage du livre de l'administration de Suger, où il en est question, est ainsi conçu : *Domum quæ superest portæ Parisiensis, versus sanctum Medericum, emimus mille solidos, quoniam cum frequenter interessemus negotiis regni, nos et equos nostros, sed et successores nostros ibidem honestius hospitari, dignum duximus.—De porta vero Pariensiense, quæ solebat reddere XII libras, quinquaginta nobis reddit, ubi incrementum est trigenta et octo librarum.*

(1) *Hist. du diocèse de Paris*, t. I, p. 336.
(2) La prison n'est indiquée que dans cette phrase : *Tunc diruente igne super vinctos carceris*, etc. Greg. Tur. *Hist. lib.* VIII, § 33.

nom (1). Quant au silence gardé par l'auteur des *Gestes de Dagobert*, à propos de la tradition, lorsqu'il mentionne la prison Glaucin, on n'en saurait rien déduire, puisque l'anonyme relatant la donation de la porte et non celle de la prison, n'avait point de raison de s'engager dans une digression au sujet de celle-ci. Aussi bien il n'importe nullement que l'auteur des *Gestes* se taise, quand Hilduin est si explicite; et, en réalité, l'unique circonstance propre à causer quelque hésitation, c'est que la prison d'auprès Saint-Denis de la Châtre est dite, vers l'an 1000, *Carcer parisiacus*, dénomination qui, suivant la remarque de Jaillot, implique plutôt la geôle publique que celle de l'illustre martyr; mais, en y réfléchissant, on arrive à comprendre que, puisque au temps de Louis le Débonnaire la prison de saint Denis s'appelait *Carcer Glaucini*, il n'est pas beaucoup plus singulier qu'au temps du roi Robert elle se soit appelée *Carcer parisiacus*.

La chapelle Saint-Symphorien n'est point le seul édifice religieux qu'on a cru élevé sur le cachot de saint Denis, et, au seizième siècle, l'église Saint-Denis de la Châtre avait hérité de cette renommée (2). Mais les chartes fort claires de 1206 et 1207, qui excluent l'idée de l'existence simultanée de deux traditions contradictoires, étant bien plus anciennes que les premiers documents où la crypte de Saint Denis de la Châtre est indiquée comme le lieu d'incarcération de saint Denis, nous sommes convaincu que, la tradition étant acceptée, c'est à la chapelle Saint-Symphorien qu'il convient de l'appliquer. Nous en trouvons une dernière preuve, non sans importance, dans les dimensions si étrangement restreintes et la forme si insolite de ce petit monument, dont le plan avait tout d'une prison et rien d'une chapelle.

(1) *Vie de saint Éloy*, par saint Ouen, liv. I, chap. xviii. (Surius, vol. XII, p. 5.) — Le texte de saint Ouen n'apprend point de quel côté était la prison, mais laisse voir qu'elle se trouvait près d'une rue peu importante ou écartée : *Ob hoc enim et Eligius ea via deportari volebat sacra pignora, cum potuissent alia, rectius et compendiosus. Erat haud procul a tramite illo, claustrum tetri carceris ubi septem viri, sive noxii, sive innocentes, in tetra custodia tenebantur.*

(2) Du Breul, quoiqu'il donne le texte des chartes de 1206 à 1207, désigne l'église Saint-Denis de la Châtre comme celle où se voyait le cachot du saint, ou *Carcer Glaucini*.

PARIS. — IMPRIMERIE DE PILLET FILS AINÉ, RUE DES GRANDS-AUGUSTINS, 5.

www.ingramcontent.com/pod-product-compliance
Lightning Source LLC
LaVergne TN
LVHW020043090426
835510LV00039B/1382